T0114636

حَرِّر ذاتَكَ.. مِنكَ

عماد سامي سلمان

حَرِّر ذاتَكَ.. مِنـكَ

دار الفارابي

الكتاب: حَرِّر ذاتَكَ . . مِنكَ
المؤلف: عماد سامي سلمان
imadsalmanbooks@hotmail.com
الغلاف: فكرة وتصميم المؤلف

الناشر: دار الفارابي ـ بيروت ـ لبنان
ت: 301461(01) ـ فاكس: 307775(01)
ص.ب: 3181/ 11 ـ الرمز البريدي: 2130 1107
e-mail: info@dar-alfarabi.com
www.dar-alfarabi.com

الطبعة الأولى 2011
ISBN: 978-9953-71-697-8

تباع النسخة الكترونياً على موقع:
www.arabicebook.com

كلمة شُكر

أشكر كلّ كلمة في هذا الكتاب، لأنها كتبتني من جديد قبل أن أكتبها..

عماد سامي سلمان

المقدّمة

"من عرف نفسه فقد عرف ربَّه".

(حديث شريف)

"ماذا يَنفع الإنسان لو ربح العالم كلّه وخسر نفسه".

(السيِّد المسيح)

"اعرف نفسك".

(سقراط)

"ليس يحيا إنسانًا، من لا يسأل نفسه عن نفسه".

(أفلاطون)

"اعلم بأنَّ مفتاح معرفة الله تعالى هو معرفة النفس".

(الغزالي)

"إذا أردت أن ترى الحقيقة، فادخل إلى ذاتك".

(سانت أوغسطين)

"إن الذي يعرف ذاته باطنيًا، يعرف كذلك باطنية كلّ شيء".

(أُندريه كريسون)

تبدو هذه الحِكم سهلة التحقيق، لكنَّها، وعلى الرغم من بساطتها، تُعتبر

من أصعب التحدِّيات التي تواجه الإنسان في مسيرة حياته. والتحدِّي الأصعب هو في إجابة أنفسنا عن هذه الأسئلة:

من أنا؟

هل ما أظنُّه أنا هو فعلاً أنا؟

هل ما كُتِب على هويَّتي هو أنا؟

هل تصنيفات الآخرين، وآراؤهم بي، ونظرتهم إلي هي أنا؟

هل أنا فرد "مقولَب" يخضع لمعايير اجتماعية ساهمَت في قولبته؟

هل أفكاري ومعتقداتي، التي قاموا ببرمجتي عليها، هي أنا؟

هل شخصيَّتي التي أعرضها في سوق الشخصيَّات الاجتماعية هي أنا؟

..

أين أنا؟ وأين ذاتي الحقيقية في صخب المسؤوليَّات، وضوابط المجتمعات، وتزلُّف العلاقات، وضجيج الالتزامات التي لا تنتهي ولا تستكين؟

أين ذاتي الحقيقية حين أُغلِّف عفويَّتي بالتملُّق، وصِدقي بالتزلُّف، وإبداعاتي بالتقليد..؟

هل ذاتي الحقيقية هي فعلاً ذاتي الاجتماعية التي صُنِعَت إرضاءً للآخرين؟

..

هل هدف حياتي الأساس هو أن أكون إنساناً آليًّا ضِمن مجتمع آليّ يقدِّس الآلات ويتنكَّر للحياة..

وهل أنا أعيش حياتي حقًّا، عندما أتربَّى على مجموعة كبيرة من "نماذج" فكرية كلّها مُعلَّبة، مُنمَّطة، مُقلَّدة، ومُقلِّدة تضجُّ بكلِّ المعادلات المَيتة، وتفتقر إلى الصدق، إلى الذكاء، إلى الحبّ، إلى العفوية، إلى البراءة، وإلى الإبداع؟

..

هل أنا ببَّغاء "نموذجية" تُردِّد كلمات بكلّ طلاقة.. كلمات سمعَتها من غيرها، وتكرِّرها بشكل مستمرّ، دون أن تنبع من ذاتها، أو أن تفكِّر فيها، أو تحاول تحليلها، أو نقدها، أو حتى فهمها؟

..

فما هي ذاتي الحقيقية وكيف أجدها؟

ولماذا أخذوا منِّي (جهاز التحكُّم عن بُعد) في حياتي.. وأصبحتُ شخصًا "نموذجيًا" يحرِّكونه بكبسة زرّ؟

وماذا فعلوا بي لكي أفقد حريتي "بكلّ إرادة حرَّة منِّي"؟

وماذا فعلوا بي لكي ألجأ إلى "ذات مقنَّعة"، احتمي بها وألجأ إليها طلبًا "للأمان" الاجتماعي؟

وما هي مسؤوليَّتي في الموافقة على استخدامي كآلة مُنتِجة ومُستهلِكة؟

وما هي مسؤوليَّتي في السعي للتحرُّر من ذاتي "النموذجية"، المزيَّفة، والمصطنعة لكي أصل إلى ذاتي الحقيقية الأصيلة التي لا تقبل الزيف.. ولا المصطنع؟

عماد سامي سلمان

حَرِّر ذاتَك.. مِنكَ

صناعة الإنسان "النموذجي"

حَرِّر ذاتكَ.. مِنكَ

صناعة الإنسان "النموذجي"/ الحاجة الاجتماعية للإنسان

الحاجة الاجتماعية للإنسان

على مَرّ العصور، وَجد الإنسان نفسه مرغمًا لكي ينتمي إلى عائلة.. مجموعة صغيرة.. عشيرة.. قبيلة.. طائفة.. مجتمع.. وطن.. وأُمَّة..

فحاجة الإنسان إلى أن يعيش ضِمن مجتمع معيَّن هي حاجة فطرية أساسية نابعة من غريزتين أساسيَّتين (يتشارك معه فيهما معظم الحيوانات، الحشرات، النباتات، والمخلوقات الحية الأخرى) وهما:

- غريزة حبّ البقاء:

التي يندرج منها: غريزة الأكل والشرب، الخوف من الموت، وباقي النزعات التي تدفعه للنضال من أجل المحافظة على حياته. فمن خلال التجربة، وعلى مَرّ العصور تعلَّمت المخلوقات الحية، ومنها الإنسان، بأنَّ البقاء ضمن مجموعة من جنسها، تتشارك معها في المأكل والمشرب والمأوى، يساعدها في المحافظة على حياتها من الأخطار التي تحيط بها من كلّ جانب.

- غريزة استمرار النوع:

التي يندرج منها: الجنس، الأمومة، الأبوَّة، البنوَّة، الأخوَّة.. وهي غريزة فطرية تسعى إلى بقاء السلالات واستمرارها عبر الأجيال وعدم تعرُّضها لخطر الانقراض. وهذا ما قد يحصل عليه الكائن الفرد ضِمن وحدة اجتماعية (بدائية كانت أم متطوِّرة) فيجد الحبيبة والأخت والأخ والأب والأمّ والابن والابنة ضِمن هذا التكتُّل المجتمعي.

صناعة الإنسان "النموذجي"/ التعليب الاجتماعي/ "نمذجة" الطفل الكوني

التعليب الاجتماعي

"نمذجة" الطفل الكوني

يدخل الإنسان في لعبة الحياة ليختبرها، وليحقِّق ذاته من خلالها.
فهذه الحياة هي حياته هو، كما الحلم هو حلم الحالم..
واختباراته الحياتية هي اختباراته هو، كما الحلم هو اختبار الحالم..
فلا حلم من دون حالم، ولا حياة من دون شاهد حيّ يشهد على وجودها..

فعندما يولد الطفل يكون طفلاً كونيًّا فطريًا عاريًا من كلّ شيء: من الثياب، الهويَّة، الانتماء الديني، الانتماء القومي، وحتى من اسمه. ورغم أنَّه يولد هكذا، فهو إنسان كامل يحمل في جيناته وروحه الإنسانية الأزلية اختبارات التجربة الإنسانية منذ آلاف العصور. وهو إنسان مستقلّ تمامًا. وصل إلى الحياة، ليتسنَّى له اختبارها كمخلوق يحمل تجربة إنسانية كونية واسعة لا تعي إلَّا ذاتها الحقيقية.

يُولد الطفل ويفرح جميع الأهل بقدومه فيطلقون عليه اسمًا "كما يحلو لهم"، ويُلبِسونه "ما يحلو لهم" من ثياب تناسب مجتمعهم، و"يكسونه"

بمفاهيمهم الاجتماعية، بتقاليدهم، بأعرافهم، بهويَّتهم الوطنية والقومية، بأديانهم، بطوائفهم، بمذاهبهم، بأحقادهم التاريخية، بعداواتهم، بهواجسهم، وبعِقَدهم.. "كما يحلو لهم"، لا كما يحلو له.

فالطفل في هذه المرحلة لا يستطيع رفض ما يفعله أهله به، لأنَّه طفل صغير لا يقوى على تغيير أيِّ شيء بنفسه.. حتى (حفاضاته). لكنَّ خوفهم على طفلهم من أن "يحلِّق خارج السرب"، يجعلهم يفرضون عليه برامج منظومتهم الاجتماعية (كما فُرضت عليهم في السابق)، وذلك من خلال "التربية المُستدامة" التي تساهم فيها: الأسرة، الحي، المدرسة، العمل، المجتمع، ورجال الدين والسياسة. وهذه التربية المُستدامة لا تتوقَّف عند مرحلة عمرية معيَّنة، لكن الأساليب والأدوات تختلف فقط.

وعندما يكبر هذا الطفل، يقومون بمنعه من التصرُّف كإنسان ناضج، مستقلّ، له كيانه، ورأيه الخاص به، والذي قد يكون مخالفًا لرأي مجتمعه. وهذا ما قد يعرِّضه "للخطر"، ويعرِّض أهله لمواجهة "الإحراج الاجتماعي".

فيسعى المجتمع إلى إبقاء الإنسان "طفلاً"، غير ناضج، بحيث لا يقوى على تغيير حتى "حفاضاته الاجتماعية" بنفسه. وبذلك يبقى الشخص قاصراً، تابعًا، غير مستقلّ، تحتلُّه الاتِّكالية، يحتاج إلى من يفكِّر عنه، إلى من يحلّ مشاكله عنه، ويحتاج إلى من يتعكَّز عليه. وبما أنَّه كَبر وبقي صغيرًا، فلا بدَّ أن يختار "رمزًا أبويًّا" يتَّكئ عليه.. وما أكثر "الزعماء"، و"الأبطال"، و"الرعيان".. لتبوُّء هذا الرمز الأبوي المزيَّف.

والمجتمع هو الذي "يحتفل" بولادة الطفل.. وهو الذي "يبارك" زواجه حين يكبر "ضِمن التقاليد والأعراف".. ويتولَّى المجتمع طوال فترة حياة هذا الإنسان عملية تربيته، وتأطيره، وبرمجته، ونمذجته، وضبطه بحسب منظومته المجتمعية.. إلى أن يتكفَّل بمراسم موته ودفنه. وهكذا تكون آلية "التربية المُستدامة" غطَّت كلّ مراحل حياة الإنسان من المهد.. إلى اللَّحد.

ومن الواضح جليًّا أنَّ المجتمع هو من يصنِّف الشخص "بالشخص

المثالي"، و"المواطن الصالح". ويكافئه إذا سار ضِمن "الخطّ الصحيح" المرسوم له اجتماعيًا بكلِّ دِقَّة. أو ينعته بأبشع العبارات مثل: ("الشاذّ"، "السيِّئ"، "المجنون"، "المرتدّ"، "المنحرف"، "الكافر".. الخ) في حال فضَّل الاستماع إلى صوته الداخلي الحقيقي على حساب هدير محرِّكات نظم الضبط الاجتماعية.

"يُرغَم الشخص، أثناء نموِّه، على التخلِّي عن معظم رغباته، واهتماماته المستقلَّة الأصيلة، وعن إرادته الشخصية. ليتبنَّى إرادة غير إرادته، ورغبات ومشاعر غير رغباته ومشاعره، تفرضها كلّها الأنماط الاجتماعية للفكر والشعور. فعلى المجتمع والأسرة، باعتبارها الوكيل النفسي الاجتماعي للمجتمع، أن تحلّ المعضلة الصعبة: كيف يمكن تحطيم إرادة الشخص، دون تمكينه من الوعي بذلك؟ والحقّ أنها قادرة بالفعل. فمن خلال عملية معقَّدة من التلقين والعقاب والثواب وبثّ الإيديولوجيات المناسِبة، تعتقد أغلبية الناس أنها تُسيِّر حياتها وفق إرادتها، دون أن تكون على وعي بأن إرادتها ذاتها مصنوعة ومكيَّفة(*).

فتنكفئ في الإنسان "الذات الحقيقية" المبدعة والعفوية، لتحيا "الذات المزيَّفة" الاجتماعية التي تتغذَّى بثقافة الاستلاب، وبالتزلُّف الاجتماعي، والرياء، والتقليد..

وهنا تكمن مهمَّة كلّ إنسان ضِمن رحلة تطوُّره:

.. من طفل كوني حرّ..

.. إلى شخص مبرمَج اجتماعيًا..

.. إلى إنسان كوني حرّ من جديد.

أي أن يتحرَّر الإنسان من (الرجل الآلي) الداخلي الذي تمَّت برمجته

* إريك فروم، الإنسان بين الجوهر والمظهر، ص 81.

اجتماعيًا، ليعود (طفلاً طبيعيًا) من جديد، بالمعنى المجازي للكلمة، متحرِّرا من البرامج الاجتماعية الدخيلة على ذاته الحقيقية. لكي يحيا الحياة بكلِّيتها كإنسان يضجّ بالعفوية، والبراءة، والحبّ، والبساطة، والتسامح. وكي لا يعيش كدُمية اجتماعية مَيتة، تتحرَّك كما يريدها القيِّمون على المجتمع.. وكي لا تصل الإنسانية إلى خسارة "مئة مليون قتيل" جديد، كما حدث في القرن العشرين وحده، من جرَّاء حروب المجتمعات المتنافرة المصالح والميول، والمبرَّرة دائمًا "بمحاربة الشرّ".

صناعة الإنسان "النموذجي"/ التعليب الاجتماعي/ حديقة الحيوانات

التعليب الاجتماعي

حديقة الحيوانات

تحوي حديقة الحيوانات "النموذجية" مختلف أنواع الحيوانات التي تعيش في أقفاص "آمنة" فُرضت عليها قسرًا "لحمايتها طبعًا".. والمأكل والمشرب متوافران بشكل دوري ودائم..

فلا يمكن للذئب الموجود بالقرب من النعجة الصغيرة أن يلتهمها، لأن الذئب "مضبوط" بقفصه، ولأن النعجة أيضًا "محمية" بأقفاص فولاذية لا تُقهر.. قد يبدو لنا من الوهلة الأولى أن "الجنَّة" متحقِّقة في هذه الحديقة، بحيث يعيش الذئب مع النعجة "بسلام" في مكان واحد. ويبدو أيضًا أنه لا وجود لجلَّاد أو ضحية فيها. إنَّه عالم "مثالي" و"نموذجي"، لا وجود فيه لخطر الجفاف والشحّ، والأكل متوافر بشكل لا يقبل الجدل في كلّ الفصول. وحتى التناسل والتزاوج مؤمَّنان للجميع دون استثناء (طبعًا بعد موافقة القيِّمين المختصِّين في شؤون التزاوج في الحديقة).

ولكننا إذا قمنا بدراسة الحيوانات في هذه الحديقة "النموذجية" المنظَّمة والمرتَّبة "كما يجب"، وتمعَّنا بمراقبتها واحدًا.. واحدًا، لاكتشفنا أن جميع هذه

الحيوانات يلفُّها الحزن، والإحباط.. وتتشابه بعدم امتلاكها أيّ دافع للاستمرار في العيش أو لعمل أيِّ شيء.. ولو خُيِّر لها الخروج من قفصها، والتعرُّض للخطر في سبيل حريَّتها، لن تتوانى لحظة واحدة في ذلك. حتى لو كانت مولودةً في أقفاصها.. وأجدادها أيضًا مولودون في الأقفاص عينها. ذلك لأن أيَّ مخلوق يسعى بالفطرة إلى الحرِّية والاكتشاف والاختبار. ويعلم بالغريزة بأنه "مضبوط" ضِمن حدود قفصه "لحمايته" طبعًا و"للمحافظة عليه".

إن الهدف المُعلن من قِبل القيِّمين على حديقة الحيوانات هو:

- تأمين حياة "آمنة" للحيوانات.
- تأمين المأكل والمشرب لها.
- زيادة عدد "النزلاء" في الحديقة من خلال زيادة النسل.
- الحفاظ على حياتها وصحَّتها.
- حمايتها من الانقراض.

أما الهدف الحقيقي للقيِّمين على حديقة الحيوانات فهو:

تأمين استمرارية وجود الحيوانات في الحديقة، ليس لأسباب "إنسانية وبيئية"، بل لأسباب مادية وتجارية بحتة وهي:

- استمرار وتثبيت وجود الحيوانات في الحديقة.. يؤدِّي إلى:
- استمرار وتثبيت تدفُّق الزائرين إلى الحديقة.. وبالتالي إلى:
- تَدفُّق أموال الزبائن إلى جيوب القيِّمين على هذه الحديقة..

لا أكثر.. ولا أقلّ.

سأترك لك عزيزي القارئ مقارنة التشابه الكبير بين:

حدائق الحيوانات..

وبين:

حدائق الحيوانات "الاجتماعية"..

حدائق "الحيوان الاجتماعي"..

"حدائق" مجتمعاتنا نحن البشر.

صناعة الإنسان "النموذجي"/ التعليب الاجتماعي/ نسخة "طبق الأصل"

التعليب الاجتماعي

نسخة "طبق الأصل"

تشبه مجتمعاتنا آلة نسخ (Photo Copier) عملاقة تنتج عبر السنين نُسَخًا بشرية "طبق الأصل". يكون الطفل المولود فيها صفحة بيضاء قبل أن "يطبعوا" عليها نسختهم الاجتماعية التي تناسبهم. فنرى معظم أفراد مجتمع ما، يشبهون بعضهم بعضاً بطريقة تصرُّفهم، إدراكهم، إيمانهم، ومسلكهم في الحياة.. فيعمل أصحاب السلطة في المجتمع على نَسخ معتقداتهم، قيَمهم، أعرافهم، قوانينهم، ومُثُلهم في الفرد من ولادته إلى نضجه ليصبح "نسخة طبق الأصل" عن "الطبعة الاجتماعية الأصلية".

أمَّا الذين لا يصحّ عليهم لقب "نسخة طبق الأصل" فإنهم يُرفضون اجتماعيًا كما تُرفض الورقة المنسوخة التي لا تشبه تمامًا النسخ الباقية. ويُبعَدون ببساطة، لأن هؤلاء الناس لديهم فكر نقديّ مشاكس وليسوا تابعين، أو مُتلقِّين، أو مصفِّقين دائمين لأسيادهم. ويُعزَلون لأنهم يبحثون ويحلِّلون كلّ ما يمر بهم من أفكار موروثة.. ولأنهم ينقضون مفاهيم قديمة كانت سائدة في عصورهم

ويثبتون بطلانها بشكل علمي.. ولأنهم يَرفضون الأفكار غير العقلانية، ويتبنّون العقلاني منها، بحسب مفاهيمهم الموضوعية الذاتية للأُمور..

جميعنا يعرف ماذا فعلته المجتمعات، على مَرّ العصور، بالخارجين عن منظوماتها "المقدَّسة".. لقد عاملت المفكِّرين، والمبدعين، والعظماء، والمتــنوِّرين، كما عاملت القتلة واللصوص والشاذِّين على أساس أنهم "مجرمون"..

إن نزعة التطوُّر والتغيير كانت وما زالت الخطر الوحيد الذي يهدِّد منظومات الأنماط الموروثة والمنسوخة "كما هي": من الجدّ.. إلى الأب.. إلى الابن.. إلى ابن الابن... فمقاومة التغيير في المجتمع تهدف بالدرجة الأولى إلى المحافظة على "النقاء النموذجي" لآلية النسخ الاجتماعي.

صناعة الإنسان "النموذجي"/ التعليب الاجتماعي/ منتجات المصانع الاجتماعية

التعليب الاجتماعي

منتجات المصانع الاجتماعية

يتربَّى الناس على أنماط معرفية خاصَّة بمجتمعاتهم، ليصبحوا "منتجات" متطابقة صادرة من المصنع الاجتماعي ذاته، كعبوات المشروبات الغازية: متشابهة تمامًا، متطابقة تمامًا، وتحوي الخصائص، والمحتويات ذاتها..

لكن مراكز العبوات تتنوَّع: فبعضها قد نجده منفيًا في المخازن المعتمة، موضوعًا في البرادات المُحكمة الإغلاق، أو "متباهيًا" على رفوف صالات العرض الفخمة. وجميعها، في النهاية، تُلاقي المصير ذاته بحيث أنها تُرمى بعد استخدامها.

ويوجد في المصانع كافَّة قسم لمراقبة الجودة. بحيث يتمُّ فحص عيِّنات من المنتجات للتأكُّد من صحَّة الإنتاج وسلامته، ومدى توافقها مع معايير "الجودة" ومع "المواصفات النموذجية" المطلوبة.. ويقوم قسم مراقبة الجودة بتصنيف العبوات غير "النموذجية" بـ: "غير الصالحة للبيع".. ويتمُّ "تصحيح الخلل" فيها أو "التخلُّص منها" بحسب مقتضيات معايير الجودة.

وعلى الرغم من هذا التطابق التامّ بين العبوات التي تباع، فإن أسعارها

24

تختلف باختلاف مستوى السوق التي تباع فيها.. فأسعارها في المطاعم الراقية أغلى بأضعاف من المحلات الفقيرة.. لكنّنا عندما نتذوَّقها، نجدها متماثلة لا فرق بالطعم، ولا بالنوعية.

قد نجد تقاربًا بين قسم مراقبة الجودة وبين آلية الضبط الاجتماعي من حيث الهدف. فالهدف يتشابه وهو "تنقية" المنتجات الصناعية والاجتماعية من "الشوائب"، والتأكُّد بأن الإنتاج "نموذجي" يقع ضِمن متطلِّبات "الجودة" للمنتجات الصناعية والاجتماعية.

صناعة الإنسان "النموذجي"/ التعليب الاجتماعي/ إلى المعلب الاجتماعي "النموذجي"

التعليب الاجتماعي

إلى المعلَّب.. والمعلِّب الاجتماعي

لن يخضرّ أيّ جبل مهما ناضلتْ كلّ شجرة يابسة فيه من أجل جعل الأشجار الأخرى اليابسة خضراء..

بل يصبح الجبل أخضر فقط، حين تتطوَّر كلّ شجرة فيه لتصبح خضراء...

فلن تُطوِّر مجتمعك من خلال "تأطيرك وقولبتِك للآخرين".

ولن تُطوِّر مجتمعك من خلال قمعك لمن يحاول أن يكون حرًّا وخارج نطاق برمجتك وتعليبك..

ولن تُطوِّر مجتمعك بإجبار جميع أفراده على الانضواء تحت مظلَّته "بانضباط" كامل كالنعاج..

لأنك بهذه الطريقة تبني تجمعات قطيعية لا مجتمعات إنسانية...

فإذا كنت تسعى إلى تطوير مجتمعك وتُريد أن يصبح كلّ من حولك عظماء..

لا تعلِّب أحدًا، كما علَّبوك..
لأنك لن تُطوِّر مجتمعك بهذه الطريقة، بل تجعله مستودعًا للمعلبات..
كلّ ما عليك هو أن تبدأ من نفسك، وأن تنتهي بنفسك..
أن تبدأ بالتحرُّر من علبتِك التي وضعوك فيها منذ صغرك..
علبتك التي تسهِّل عليهم قياس وزنك وحجمك وسعرك..
تسهِّل عليهم شراءك، وبيعك، واستيرادك وتصديرك..
وتسهِّل عليهم حفظك في الثلاجات الفكرية لقرون عديدة..
لكي تبقى في علبتك بضاعة "صالحة للاستهلاك"..
..
تُطوِّر مجتمعك بطريقة واحدة وهي أن تحرِّر نفسك من "نفسك"..
وتحرِّر ذاتك من كلّ البرامج والقوالب الفكرية الجامدة التي تربَّيت عليها..
والتي علَّبَت ذاتك الحقيقية الكونية بذات مزيَّفة لا تُشبه حقيقتك بشيء..
وذاتك المعلَّبة هي من تظنُّه "أنت"..
لذلك **أنت تظنّ بأنك عُلبتك،** لأنهم ألصقوا عليها كلّ ما "يُعرِّف عنك"..
اسمك، نوعك، مواصفاتك، ومصدر تصنيعك..
..
تُطوِّر مجتمعك فقط حين تعرف تمامًا بأنك لست علبتك..
وبأنك أكبر بكثير من علبتك..
كما يَعرف فرخ النسر بالفطرة أنه أكبر بكثير من البيضة التي يسكنها..
وهو يعلم جيِّدا بأنه مشروع نسر سيحتلّ السماء يومًا ما..
ولن يبقى مجرَّد "بيضة"..
فكما يحرِّر فرخ النسر نفسه من البيضة التي تُعلِّبه..
حرِّر ذاتك من علبتِك التي تظُنُّها "أنت"..
أي حرِّر ذاتك.. ممّا تظنُّه "أنت"..
أي حرِّر ذاتك.. منك..

..

فبتفرُّدك وحريَّتك تُغني وتُطوِّر مجتمعك..

لا بتبعيَّتك القطيعية له..

..

وبازدهارك كفرد يزدهر مجتمعك..

لا في تيَبُّسك الداخلي..

..

ومَن يجمِّد مجتمعه هو مَن يُجمِّد نفسه، لا مَن يبنيها مِن جديد..

لأن أكثر الذين يُقيِّدون مجتمعاتهم، هم المقيَّدون..

وأكثر الذين يُحرِّرون مجتمعاتهم هم المحرَّرون..

..

فالطبيب الجيِّد هو الذي يُعالج المريض بمحبَّة..

دون أن يصبح مريضًا مثله..

لن تفيد ولا تستفيد إذا شاركت أحبَّاءك في أمراضهم الاجتماعية..

فهذه ليست مشاركة بل تورُّط..

أن لا تتأثَّر بالتحريض الطائفي أو المذهبي في مجتمعك..

لا يعني بأنك ضدُّ طائفتك وضدُّ مذهبك..

كما لا يعني بأنك تتحالف مع الطائفة أو المذهب الذي تُحرَّض عليه..

فلن تنصر مجتمعك إذا أيَّدته وكرهت المجتمعات الأخرى..

تنصره فقط حين تصبح إنسانًا عظيمًا..

..

فتفرُّدك لا يعني أن تتقوقع وتنعزل ضِمن شرنقتك الخاصَّة بك..

بل أن تصبح إنسانًا عظيمًا متحرِّرا من شرنقته..

ومتفاعلاً مع محيطه بشكل صحِّي لا تبَعي..

..

وتفرُّدك لا يعني أن تُبدِّي مصلحتك الخاصَّة على مصالح الآخرين..
بل أن تمنع مصالح الآخرين من أن ترسم لك حياتك الخاصَّة بك بلوحة تحمل صورتك ولا تشبهك..

..

وتفرُّدك لا يعني أن تدمِّر تقاليدك وعاداتك وقِيَمك الاجتماعية..
بل أن لا تُدمَّر أنت من جرَّاء تبعيَّتك لها..

..

وتفرُّدك لا يعني أن تتمرَّد على أجدادك..
بل أن تتمرَّد على وقوفك الصنمي الدائم على أطلال أجدادك..

..

وتفرُّدك لا يعني أن تُحالف الأنا الفردية وتعادي الأنا المجتمعية..
بل أن تتحرَّر منهما معًا، لأنهما من الطينةِ عينها.

..

لن ترقى بمجتمعك إذا لم تكن راقيًا..
لأن الرقي هو حالة حضور داخلية لا مظهر خارجي..
هو مستوى وعي وليس مستوى اجتماعياً طبـقياً..
ولن تنفع مجتمعك إذا كنت تسكن المدن.. وتسكنك البداوة..
ولن تُطوِّر مجتمعك إذا احتللت أعلى المناصب.. ونصَّبت تخلُّفك عليك..
ولن تخدم مجتمعك إذا حاولت تحرير الجميع.. ولم تتحرَّر من عبوديَّتك..
فمهما حاولت الظُّهور أمام غيرك بأنك "محرِّر كبير"..
سوف تبقى داخل نفسك "عبدًا صغيراً"..

..

فإذا لعنتَ الأديان الأخرى لن تصبح "متديِّنًا"..
وإذا كرهتَ الأوطان الأخرى لن تصبح "وطنيًّا"..
وإذا شتمت الفساد لن تصبح "صالحًا"..

وإذا قُدتَ العبيد لن تصبح "محرِّراً"..

فلن تصبح راقيًا من خلال لعناتك، وكرهك، وشتيمتك، واستعبادك للآخرين..

بل من خلال تحرُّرك الداخلي..

لذلك: حرِّر ذاتك.. منك.

صناعة الإنسان "النموذجي"/ التعليب الاجتماعي/ الأسرة "النموذجية"

التعليب الاجتماعي

الأسرة "النموذجية"

إن المحبَّة والعاطفة الفطرية التي يشعر بها الأب والأم والأولاد والبنات والإخوة والأخوات والزوج والزوجة، هي مِن أهمِّ المشاعر في التواصل الإنساني. ولولاها، لكان مصير الإنسان مماثلاً لمصير الديناصورات..

لكن لنا الحقّ أن نتساءل: كيف تمَّ (تعليب) هذا الحبّ الطبيعي و"نمذجته" ضِمن (مؤسَّسة) اجتماعية، واقتصادية "نموذجية" يسمُّونها (الأسرة)؟ وكيف تمَّ إبدال العائلة الطبيعية المبنية على الحبّ (بمنظومة الأسرة) المبنية على العلاقات "النموذجية"؟ وكيف أُعطيَت هذه "الأسرة" الدور التربوي الاجتماعي الأساس في حياة الفرد الذي يؤثِّر في معظم نواحي كيانه؟

إننا لا نُنكر وجود آباء وأُمَّهات وأُخوة وأخوات وأبناء وبنات عظماء، ساهموا، من خلال تطوير أنفسهم، بتطوير عائلاتهم الصغرى وخرَّجوا وتخرَّجوا منها أشخاصًا عظماء.. وهذا الفضل يعود إليهم كأفراد ولا يعود إلى منظومة أُسرتهم "النموذجية". فمِن واجبنا أن نلقي الضوء بجرأة على بعض الجوانب

السلبية في المؤسَّسة الأسرية النموذجية، هادفين من ذلك إلى التصويب الإيجابي لا النقد السلبي.

..

فيما يلي بعض (العوارض الجانبية) التي تنتجها بعض الأسر "النموذجية" والتي تجعل من أفرادها (أسرى أُسرهم):

التواصل الأسري:

الروابط الأسرية تتحوَّل إلى روابط ميكانيكية خالية من الحبّ..

العلاقات العائلية الفطرية يلفُّها "الخدر" العاطفي..

التواصل الجافّ الخالي من الحيوية والعفوية..

التدخُّل الدائم من قِبَل أفراد الأسرة بشؤون بعضهم بعضاً..

معظم حالات "التواصل" العائلي، ضِمن الأسرة، محدودة في المشاركة في الأكل، ومشاهدة التلفاز، وفي المناسبات..

..

روابط إنسانية مفكَّكة بين أفراد الأسرة..

كلّ فرد من الأسرة يعيش في عالمه الخاصّ..

التقوقع: من خلال الانعزال في الغرفة..

أو البقاء معظم الوقت خارج المنزل..

الانكفاء إلى اهتمامات أُخرى (كالعمل لساعات طويلة)..

منافسات سلبية، وصِراعات على السلطة..

..

تبادل خدمات (غير عادلة)..

لوم ونقد وتبريرات دائمة متبادلة..

عتب داخلي (مزمن) على الآخرين و(غير معلن)..

"هجمات" متكرِّرة.. و"هجمات" مضادَّة متكرِّرة.. ثم هدنة موقَّتة..الخ

..

العيش بشخصيَّتين متناقضتين داخل الأسرة وخارجها:

داخل الأسرة:

شخصية "واقعية"، سلبية، عنيدة، عصابية، منغلقة، هجومية، ناقدة..

خارج الأسرة:

شخصية مزيَّفة: إيجابية، مَرِنة، مرتاحة، منفتحة، مسالمة، ومتفهِّمة..

..

تصنيفات وأحكام مسبقة على الجميع:

- أهتمّ بالجميع طوال الوقت ولا أحد يَهتمّ بي..
- لا يقدِّرونني..
- لا يُراعون مشاعري..
- لا يَفهمونني..
- لا أفهم كيف يتصرَّفون على هذا النحو..
- أشعر بالغربة داخل أُسرتي..

..

فنقول لكلِّ فرد غُلِّفت (عائلته الطبيعية) بمنظومة الأسرة:

كن ابنًا عظيمًا لوالديك، بدل أن تكون مجرَّد تابع لهما..

وكن والدًا عظيمًا لأولادك وبناتك، بدل أن تجعلهم على شاكلتك..

وكن حفيدًا عظيمًا لأجدادك، بدل تفاخرك بهم وتقليدك الأعمى لهم..

وكن جارًا عظيما لجيرانك، بدل تدخُّلك في مشاكلهم..

وكن أخًا عظيمًا لإخوانك وأخواتك، بدل فرض آرائِك الخاصَّة عليهم..

وكن قريبًا عظيمًا لأقربائِك، بدل استسلامك لواجباتك الاجتماعية تجاههم..

وكن حبيبًا عظيمًا لحبيبتك، بدل محاولاتك الدائمة لتطبيعها بطباعك..

وكن فردًا عظيمًا لمجتمعك، بدل تماثلك التبعي معه.

صناعة الإنسان "النموذجي"/ التعليب الاجتماعي/
بين صلاحيَّات المجتمع.. و"صلاحيَّاتي"

التعليب الاجتماعي

بين صلاحيَّات المجتمع.. وصلاحيَّاتي كفرد "نموذجي"

هم الذين يقرِّرون عنِّي

متى أفرح، ومتى أحزن..

ومتى أُمارس الحبّ، ومتى تُمارسني التقاليد والأعراف..

هم الذين يقرِّرون عنِّي

كيف أتألَّم، وكيف أستمتع..

وكيف أتكلَّم، وكيف أصمت..

هم الذين يقرِّرون عنِّي

أين أتنفَّس، وأين أختنق..

أين أعيش، وأين أموت..

هم الذين يقرِّرون عنِّي

مَن هو عدوِّي، ومَن هو حليفي..

ومَن هو على حقّ، ومَن هو على باطل..

هم الذين يقرِّرون عنِّي

34

متى.. وكيف..
وأين.. ومَن...
أمَّا ما تبقَّى.. فأنا "وحدي" أُقرِّره.

صناعة الإنسان "النموذجي"/ البرمجة الاجتماعية/ النظام المرصوص

البرمجة الاجتماعية

النظام المرصوص

(النظام المرصوص) هو إحدى المواد العسكرية الأساسية التي يتعلَّمها المقاتل والجندي في كلّ ميليشيات وجيوش العالم القديم والحديث. فخلال "تأهيله"، يَتدرَّب المقاتل على ممارسة (النظام المرصوص) ليصبح مقاتلاً "منظَّمًا ومنضبطًا".

وبعد انتهاء فترة "التأهيل"، يمارَس "النظام المرصوص" على شكل طقوس يومية دائمة:

- إلى اليمين درّ.. إلى اليسار.. إلى الوراء درّ..
- إلى الأمام سرّ.. استرح.. استعدّ.. تأهّب.. قدِّم سلاحك.. الخ.

يتعلَّم المقاتل الطاعة المطلقة لرؤسائه دون تفكير أو مناقشة، لأنَّه إنسان، والإنسان بطبيعته يقلِّد الجماعة. والمقاتل المحاط بمئات المقاتلين الذين يطيعون حركات "النظام المرصوص" النموذجية دون تململ أو تمرُّد أو تفكير في الرفض، لن تخطر على باله فكرة عدم إطاعة الأوامر. فليس بالصدفة تُفرض

على المقاتلين هذه الطقوس العسكرية اليومية.. إنها تدخل ضِمن ما يُسمَّى "Hypnosis of Social Conditioning" وهذا يعني "التنويم المغناطيسي من أجل القولبة الاجتماعية".

فعندما يسمع المقاتل أمرًا مثل: (إلى اليمين.. درّ)، لن يتلكَّأ لحظة واحدة عن الاستدارة إلى اليمين.. أو (إلى الأمام.. سرّ) سيسير فور سماعه الأمر دون تردُّد. وقد يصل به الأمر.. (إلى المقبرة.. سرّ).. فيسير إلى الموت دون تردُّد.. وعندما يُؤمر المقاتل بالموت، فإنه لن يفكِّر لحظة واحدة في الرفض.. لأنه "مقاتل نموذجي"، لا يَرفض أمرًا من رؤسائه، مهما كان هذا الأمر.. وهذا ما (تبرمج) عليه لسنوات.

ومنذ آلاف السنين.. إلى يومنا الحاضر، خاضت الأمم والمجتمعات المتصارعة الحروب. خاضتها بمقاتلين "مدرَّبين جيِّدًا"، أي مطيعين جيِّدًا، أي مجانين بشكل كافٍ، لتنفيذ الأوامر - أوامر قتل الآخرين أو التعرُّض للقتل- بالتزام مطلق، ودون تردُّد. والتاريخ حافل بالحروب التي خاضها رجال "آليُّون" خالون من المشاعر الإنسانية الفطرية ومن العقل النقدي الحرّ.

إن من يفقد استخدام عقله النقدي المشاغب يصبح "مطيعًا نموذجيًا"، ويفقد ذاته وإرادته الفردية الحرَّة، ويتحوَّل من إنسان فاعل إلى "سلاح" يُمكن استخدامه في أيِّ وقت.

صناعة الإنسان "النموذجي"/ البرمجة الاجتماعية/ رقصة الدب

البرمجة الاجتماعية

رقصة الدبّ

يَستخدم المدرِّبون إحدى الطرائق "الطريفة" لكي "يعلِّموا" الدبّ "الرقص" في استعراضات السيرك:

يضع المدرِّب الدبّ على أرض حديدية، ويُسمعه الموسيقى المطلوبة للرقص عليها في الاستعراض، ويقوم المدرِّب في الوقت عينه بتسخين الأرض الحديدية.. وعندها يبدأُ الدبّ برفع رجله اليُمنى بفعل حرارة الأرض ويبقى واقفًا على رجله اليُسرى إلى أن تتعب من تحمل الحرارة.. فيبدلها باليُمنى، وهكذا دواليك.. يرفع قدمه اليُمنى، ويُنزل اليُسرى، ويَرفع اليُسرى، ويُنزل اليُمنى، وكلّ ذلك بالتزامن مع إسماعه لحن الاستعراض.. يكرِّر المدرِّب هذا "التمرين" مرَّات عديدة، وحين يبدأُ العرض، تُعزف المعزوفة المطلوبة فيظنُّ الدبّ أن الأرض ساخنة فيقوم تلقائيًّا "بالرقص" على المعزوفة التي تعوَّد سماعها عندما تُسخَّن الأرض تحته.

وهكذا نتعلَّم نحن البشر الرقص على إيقاعات مجتمعاتنا.. نرقص دائمًا كما يُريدوننا في عروض السيرك الاجتماعية.. فنرقص، "رقص الدبّ"، ونحن لا نعلم ما إذا كنَّا نرقص فرحًا أم "برمجةً".. ولا نعرف ما إذا كنَّا نحن الذين نرقص، أم أن "حرارة" خوفنا المبرمج هي التي ترقص بدلاً منَّا.

صناعة الإنسان "النموذجي"/ البرمجة الاجتماعية/ الفيل "المطيع"

البرمجة الاجتماعية

الفيل "المطيع"

يعتاد فيل السيرك منذ صغره ربطه بشجرة كبيرة بواسطة حبل غليظ ومتين، لكي لا يتحرَّك من مكانه. فيحاول.. ويحاول.. مرَّات عديدة التملُّص من قيده، ولكن دون جدوى. فالحبل متين وكذلك الشجرة، ولكونه صغيرًا، لا يقوى على قطع الحبل أو اقتلاع الشجرة الكبيرة.

وعندما يكبر هذا الفيل يصبح (بطبيعته) قادرًا على اقتلاع الشجرة أو قطع الحبل بسهولة نظرًا للقوَّة الهائلة التي اكتسبها بنضجه.. لكنه لا يستطيع التحرُّر من قيده حتى لو رُبط بحبل رقيق، وبعمود هشّ..

كيف يحدث ذلك!؟

الجواب سهل جدًّا.. لقد زُرعت مرارًا في لاوعي الفيل فكرة عجزه عن الإفلات والتحرُّر من قيده منذ أن كان صغيرًا. وعندما أصبح كبيرًا وقويًّا، أضحى هذا العجز جزءاً من نظام معتقداته التي لا تقبل الشكّ. فالمدرِّبون "مطمئنُّون" إلى أن فيلاً بهذه الضخامة أصبح عاجزًا تمامًا عن "التمرُّد"، وبإمكانهم ضبطه والسيطرة عليه..

بهذه الطريقة تتمّ برمجتنا من أجل "ضبطنا" و"تأطيرنا" اجتماعيًا.. ومن

أجل إفهامنا بأننا لسنا أكبر من نماذجنا المجتمعية (المفصَّلة سلفًا) لنا على قياس مجتمعاتنا، لا على قياسنا الخاصّ. ومن أجل "تعليمنا" بأن أقصى مدى فكري يمكن أن نصل إليه، هو حدود المدى الفكري "النموذجي" الذي تربَّينا عليه.. وبأن أقصى إبداعاتنا لا تتعدَّى حدود التقليد "للنموذج"..

إن برمجتنا تتمّ من خلال الإيحاء، والإعلام، والإعلان، والثواب، والعقاب، والتقليد، والتعوُّد والتكرار، ومن خلال أنماط فكرية تُقولبنا، تُحدّنا، تُبرمجنا لكي نكون "نموذجهم" المطلوب بدلاً من أن نكون (نحن.. كما نحن).

صناعة الإنسان "النموذجي"/ البرمجة الاجتماعية/ التنويم المغناطيسي للتأطير الاجتماعي

البرمجة الاجتماعية

الشعائر والطقوس

إن الشعائر والطقوس الاجتماعية التي تُقام في الأعياد والمناسبات الدورية هي نوع أساس من أنواع التنويم المغناطيسي للتأطير الاجتماعي. فالهدف المعلن لهذه الشعائر والطقوس هو الاحتفاء بالمناسبة، أو الحزن عليها، أو تمجيد الحدث الذي حصل في مثل هذا اليوم.. لكن الهدف غير المعلن هو إعادة تفعيل البرامج المبنية داخل لاوعي الفرد الاجتماعي لإعادة تأكيد انضوائه في الصندوق المعتقدي الاجتماعي.

إن التّكرار السنوي أو الموسمي للمناسبة ومشاركة الفرد في طقوسها، يُعطيه الجرعة المطلوبة للتأطير الاجتماعي التي تبقيه فردًا نموذجيًا، كزملائه الآخرين.. وجرعة التأطير هذه تشبه الجرعة الدوائية لمرضى العصاب التي تعطى دوريًا للمريض في موعدها ليبقى وضعه النفسي "مستقرًا".. وهكذا يبقى الفرد النموذجي "مستقرًا ومنسجمًا مع قطيعه الاجتماعي دون حصول تقلُّبات في صحَّة منظومة معتقداته وعاداته.. وفي الوقت عينه، متميِّزًا عن باقي القطعان الاجتماعية الأخرى من خلال ممارساته لطقوس وشعائر مجتمعه الخاصَّة به، والمتميِّزة عن باقي طقوس وشعائر المجتمعات الأخرى..

إن آلية عمل التأطير الاجتماعي للحفاظ على انضواء الفرد داخل مجتمعه تُشبه آلية ما تقوم به بعض المقاهي للحفاظ على زبائنها، وإبقائِهم من روّادها الدائمين.. فنرى المقاهي في مواسم مباريات كرة القدم العالمية تتلوّن بأعلام البلدان المشاركة وصور أبطالها وفرقها كافَّة.. وحين تأتي مناسبة دينية تُنزع الأعلام والصور كافَّة ليزدان المقهى بالعبارات الدينية فيتحوَّل، بقدرة ساحر، إلى مركز لالتِقاء المؤمنين.. وعندما يأتي العيد الوطني، يتحوَّل المقهى إلى ساحة وطنية يُعبر فيها الرواد عن محبتهم لوطنهم، فتعود الأعلام لتُزهر من جديد لكن هذه المرة أعلام الوطن، التي لم تُرفع في مواسم كرةِ القدم (لعدم مشاركة الفريق الوطني فيها).. أمّا بين المناسبة والأخرى، فتُزال الصور والشعارات المتعلقة بالمناسبة لتعود صور المشاهير والفنانين إلى الواجهة..

لقد أثبتت الدراسات في علم البرمجة اللغوية العصبية بأن الفكرة المكرّرة والمشحونة بالعاطفة لها تأثير كبير في لاوعي الإنسان.. لذلك نرى بأن الرسالة الفكرية المكرَّرة التي تصل إلينا من خلال الأعياد والشعائر الدورية، والمجبولة بالمشاعر العاطفية المتأجِّجة كالحزن، الفرح، الغضب، الشعور بالذنب، أو بكوننا ضحايا الآخرين، أو كالفخر.. تستطيع التسلُّل بسهولة إلى داخل لاوعي الفرد، والاستقرار فيه كبرنامج مصغَّر، لا واعٍ، يفعل فعله في منظومة الفرد.. فتُبنى معتقداته.. ويَأخذ قراراته.. كما يريد منه القيِّمون على مجتمعه.. ودون تدخُّل واعٍ من قِبَله..

صناعة الإنسان "النموذجي"/ الضبط الاجتماعي

الضبط الاجتماعي

تعريف

الضبط الاجتماعي هو آلية يقوم بها المجتمع وتهدف إلى جعل أفراده يخضعون لقواعده الاجتماعية ويحترمون قِيَمه، تقاليده، أعرافه، ونُظمه.. وهي تهدف أيضًا إلى تماثل الأفراد مع أهداف النظام الاجتماعي وممارسة تقاليده، معتقداته، وعاداته ونقلها إلى الأجيال القادمة، كما أُخذت "نقية - صافية"، من السلف لتصل إلى الخلف "بسلام".. وبطريقة تجعل أمر إمكانية تغييرها من سابع المستحيلات.. وهذه الآلية تحوي وسائل وأساليب عديدة تُشارك فيها الأسرة، الكهنة، المدرسة، المجتمع، الدولة، الرأي العام، الإعلام، وحتى الفرد يمارس الضبط الاجتماعي على نفسه من خلال الضوابط الداخلية، بعد أن تمّ "برمجته" كما يجب.

هناك عدَّة أنواع من الضبط الاجتماعي منها:

- الضبط الجسدي: الذي يعني العقاب الجسدي كالضرب والجلد والتعذيب..
- الضبط المعنوي: كالحرمان العاطفي والوجداني، العزل، السجن، النفي، التخويف، التهديد، التكريم، التمجيد.
- الضبط المادي: استخدام المال من خلال تقديم المكافآت، الترقيات، أو

العقوبات المالية، تعويضات، الغرامات، محاضر ضبط لمخالفات.. كوسائل للتحفيز والمعاقبة.

- الضبط الرمزي: استخدام السمعة، والمكانة الاجتماعية، كأداة للترغيب والترهيب.

- الضبط الذاتي: استخدام الدين (الثواب والعقاب)، العادات الذاتية، إضافة إلى ضوابط عرفية موروثة وشفوية تجعل الفرد يضبط نفسه بنفسه.

صناعة الإنسان "النموذجي"/ الضبط الاجتماعي/ المكافأة.. والعقاب

الضبط الاجتماعي

المكافأة.. والعقاب

هنالك محرِّكان أساسيَّان يحكمان أيّ تصرُّف عند جميع المخلوقات، ومنها الإنسان وهُما:

الأول : "الهروب من الألم"

(الهروب من: المعاناة، الخسارة، الموت، "الجحيم"...)

والثاني: "الانجذاب نحو المتعة"

(الانجذاب نحو: السعادة، الربح، الأمان، "الجنَّة"...)

إن أيَّ قرار في حياتنا يُبنى على أساس هاتين النزعتين..

فإذا قرَّرنا مثلاً أن نعمل عملاً إضافياً لتحسين وضعنا المادي، يكون دافع قرارنا: (الانجذاب نحو المتعة)..

وإذا قرَّرنا مثلاً الهجرة بسبب الحرب يكون دافع قرارنا: (الهروب من الألم)..

وهذا تمامًا ما يفعله المعلنون لكي "يجعلونا" نشتري البضائع التي

45

يُسوِّقونها: فيضخِّمون مساوئ البضائع المنافسة: "الأكثر كلفة"، "الأقلّ فعَّالية".. ويربطونها (بالألم)..

ويضخِّمون محاسن بضائعهم: "الأقلّ كلفة"، "الأكثر فعَّالية".. ويربطونها (بالمتعة)..

لقد طوَّر العالِم سكنر ب. ف. (تكنولوجيا السلوك) (Human Behavior Technology) التي تقول: (إذا كنت تملك التحكُّم في النتائج يمكنك أن تتحكَّم في السلوك ذاته كما تشاء).

فإذا كنَّا نملك أدوات الترغيب (الانجذاب نحو المتعة) أو الترهيب (الهروب من الألم) لشخص ما، نتمكَّن من ضبط سلوكه كما نريده نحن.

على سبيل المثال، إذا أردنا إبقاء كلب في مكانه، هنالك طريقتان:

1- نُحضر إليه طعامًا لذيذًا، ونطعمه ببطء، فيبقى في مكانه طالما يؤمِّن له هذا الطعام المتعة.

أو

2- نقيِّده بحبل متين يؤلمه كلّما حاول الابتعاد عن مكانه. لأن محاولاته للإفلات من قيده مؤلمة، فيلجأ هذا الكلب المسكين إلى السلوك العكسي (عكس ما كان يريده) أي للخضوع، والبقاء مكانه هربًا من الألم الذي تُسبِّبه محاولة التحرُّر من القيد.

صناعة الإنسان "النموذجي"/ الضبط الاجتماعي/ لعصا والجزرة

الضبط الاجتماعي

العصا والجزرة

تتألَّف آلية الضبط الاجتماعي من عدَّة أساليب تُمارَس على أفراد المجتمع بهدف ضبطهم وجعلهم ينضوون تحت لواء المجتمع ومعاييره. وتختلف آلية الضبط باختلاف طبيعة العمل الذي قام به الفرد، ومدى الضرر أو الإفادة الذي حقَّقه من خلال عمله هذا، وبحسب مستوى الوعي الجماعي والقيَم والأعراف الاجتماعية.

يعتمد الضبط الاجتماعي على البُنى التحتية للإنسان التي تُحرِّك اتخاذه لأيِّ قرار أو قيامه بأيِّ عمل.

فجميع أساليب الضبط الاجتماعي تتبنَّى محركات العمل أي الهروب من الألم والانجذاب نحو المتعة. لذلك تقع هذه الأساليب ضِمن معادلة المثل الشهير (الذي يُعتمد بالمبدأ مع الحمار) سياسة "العصا والجزرة":

"فالعصا لمن عصى" (العقاب - الخوف من العقاب الذي يسبِّب الألم)..

"والجزرة لمن أطاع" (الثواب - الانجذاب نحو المتعة)..

لذلك تأخذ أساليب الضبط منحنَيَين أساسيَّين: أساليب ضبط سلبية (العصا)، وأساليب ضبط إيجابية (الجزرة).

أساليب الضبط السلبية (العصا)

يُعتبر العقاب مِن أهمِّ الأساليب السلبية للضبط الاجتماعي. يمارسه صاحب السلطة على فرد أو مجموعة قامت بسلوك لا يرضي صاحب السلطة. وهذه الآلية تهدف إلى التسبُّب بالألم للمعاقَب، إمَّا للانتقام منه، أو لردعه، أو لتأديبه، أو للتخلُّص من سلوكه "غير القويم". أمَّا أساليب العقاب فهي متنوِّعة ومنها التهديد، دفع الأموال، العزل، المقاطعة، الطرد، النقد، القدح، الذمّ، التشهير، التخوين، الاستهزاء، إلصاق التُهم والنعوت المشينة، السجن، الضرب، التعذيب.. وقد يصل الأمر بالعقاب إلى مستوى التصفيَة الجسدية والقتل.. فهذه الآلية تضبط المعاقَب، وتضبط بالتالي "من تُسوِّل له نفسه" القيام بالتصرُّف كما تصرَّف المعاقَب لأنه سوف يلقى المصير نفسه.

وهذا ما يحصل في عمليَّات الإعدام.. إذ إن معظمها يحدث أمام أعيُن الجماهير.. والسبب في استدعاء الجماهير لحضور عملية التنفيذ، هو إرسال رسالة واضحة إلى جميع الحضور تُفيد بأن أيَّ فرد يسعى إلى التصرُّف على النحو الذي قام به المعاقُب، سوف يَلقى المصير عينه..

"والحاضر يُعلم الغائِب"..

وبما أن الجهة التي قامت بالإعدام قد أثبتت للجمهور بأنها تستطيع أن تتحكَّم في نتيجة تصرُّف المعاقَب (من خلال إعدامه)، فإنها سوف تتحكَّم في طريقة تصرُّف الجمهور في المستقبل كما يحلو لها..

أساليب الضبط "الإيجابية" (الجزرة):

ويمكن تسميتها (أساليب الضبط الناعمة) لأنها محفِّزة للطاعة وعدم التمرُّد على النُظم الاجتماعية. ويُعتبر الثواب من الأساليب الإيجابية، بحيث يقوم المجتمع بتكريم، مديح، تقدير، شكر، تقديم مكافآت مالية، وإعطاء

الامتيازات، ترقيات، أو تطوير المكانة الاجتماعية للفرد كمكافأة لتحفيزه من أجل "الالتزام" بخدمة مجتمعه، ومن أجل استمرار طاعته للمعايير الاجتماعية.

حتى في احتفالات التكريم، يتعمَّد المكرِّمون دعوة الجمهور ليرى ما هي النتيجة الإيجابية "لطاعة" المحتفى به.. وليُثبتوا للحاضرين بأنهم سيَلقون المكافأة ذاتها في حال حذوا حذو الشخص "المكرَّم"..

"والحاضر يُعلم الغائِب"..

صناعة الإنسان "النموذجي"/ الضبط الذاتي/
بين الآمر.. والمنفّذ

الضبط الذاتي

بين الآمر.. والمنفِّذ

الضبط الذاتي الداخلي يُعتبر مِن أهمِّ عناصر الضبط الاجتماعي وأكثرها تأثيراً لأنَّه يُمارَس علينا من داخلنا وليس من خلال ضوابط خارجية.. بحيث نكون مقتنعين تمامًا بممارسة هذه الضوابط على أنفسنا وذلك بناءً على منظومة المعتقدات التي اكتسبنا معظمها من الأسرة، رجال الدين، المجتمع، الدولة.. فتتحوَّل هذه الضوابط إلى منظومة برامج لغوية عصبية تفعل فعلها في آلية الضبط الذاتي الداخلي.

في داخل كلّ إنسان سلطتان:

ـ سلطة تشريعية

ـ سلطة تنفيذية

السلطة التشريعية هي التي تُشرِّع قوانين وأنماط التصرُّف وتحدِّد الاستراتيجيَّات العامَّة وهي التي تقوم بعملية الضبط الذاتي الداخلي..

والسلطة التنفيذية يتوجَّب عليها تنفيذ ما تمَّ تشريعه بكلّ أمانة تحت طائِلة المحاسبة..

50

لنطلق على السلطة التشريعية الداخلية صفة (الآمر)..
وعلى السلطة التنفيذية الداخلية صفة (المنفِّذ)..

الآمر هو شخصية داخلية مقرِّرة.. يُعطي الأوامر، يَقوم بعمل المراقب، يُعدّ الخطط، يحدِّد الأمور، يعاقِب، يكافئ، ينتقِد، ويحاسِب.

ومع أن الآمر هو شخصية داخلية، لكنه يتأثَّر بالخارج بمقدار تماثله مع عالمه الخارجي، أو تحرُّره منه. فهذه الشخصية، كما أوردنا سابقًا، ليست بالمبدأ حرَّة بالتصرُّف، بل تحكمها مصفوفة المعتقدات، الخبرات الحياتية، آلية الضبط، والبرمجة الاجتماعية. وقد يلعب هذا الآمر الداخلي دور المنفِّذ لسلطة خارجية التي تمارِس عليه من ناحيتها دور الآمر..

أمَّا المنفِّذ فهو شخصية داخلية متماهية في معظم الأحيان مع إرادة الآمر ومصفوفة معتقداته. والمنفِّذ هو من ينفِّذ الأوامر، يقوم بالمهمَّات على الأرض، يُطيع، يعاقَب، يُكافأ، يُنتقَد، ويحاسَب.

يَطلب الآمر من المنفِّذ مهمَّة معيَّنة لتنفيذها. فإذا نفَّذها بشكل يُرضي الآمر، يَسير كلّ شيء على ما يُرام. أمَّا إذا لم يستطع هذا المنفِّذ تنفيذ مهمَّته كما يجب، يقوم الآمر بمحاسبته ومعاقبته طبقًا لأهمِّية المهمَّة ومدى "التقصير" الذي قام به المنفِّذ فيها.

في بعض الأحيان لا يُراعي فيها الآمر داخلنا سقف أهدافه، أو توقُّعاته، أو صعوبة تنفيذ ما يريده. وقد لا يُراعي وضع المنفِّذ اللوجستي على الأرض أو إمكانيَّاته. فيُصدر الآمر إلى المنفِّذ أوامره، التي قد تفوق قدرة الأخير بأشواط، وعندما يفشل بتنفيذها، يُثار غضب الآمر ويعاقِب المنفِّذ بشدة. وقد يعتبر المنفِّذ، في معظم هذه الظُّروف، أن ما فعله الآمر به مجحفًا بحقِّه، وظلمًا لا يستحقّه. فيصبح هنالك نزاع بين الآمر الذي خيَّب ظنه المنفِّذ "الفاشل"، وبين المنفِّذ الذي تسلَّط عليه الآمر "الظَّالم". وهنا يَقع الخصام بينهما، وينشأ اضطراب داخلي ما يلبث أن يتحوَّل إلى صراع مع عالمنا الخارجي، أي مع

الآخرين، وحتى مع الحياة. وقد نُصاب بالاكتئاب وبأمراض نفسية أُخرى وقد يصل بنا الأمر إلى اليأس أو حتى إلى الانتحار..

كلَّما زادت الفجوة بين الآمر والمنفِّذ، زادت المعاناة الداخلية للفرد.. وكلَّما نقصت هذه الفجوة، حلَّ الانسجام الداخلي بينهما، وساد التفاهم والتوازن بين السلطتين التشريعية والتنفيذية الداخلية. وهذه الحالة قد تنعكس إيجابيًا على العلاقة مع الخارج.

إن معظم الناس يواجهون نزاعات داخلية عديدة بين ما يريدونه وما يستطيعون تحقيقه.. والمعاناة تُقاس بالمسافة التي تفصل بين ما نحن عليه، وبين ما نصبو إليه.. وتُقاس المعاناة أيضًا بقوَّة التوازن الداخلي لهاتين السلطتين أو بضعفها. فكلما زادت المسافة الفاصلة نقصت نسبة التوازن الداخلي، وكلما قلَّت المسافة، زادت نسبة هذا التوازن.

بعضنا قد يُواجه نزاعات جدِّية في داخله بين هاتين السلطتين. حتى "الناجحون النموذجيون"، رغم "نجاحهم" الاجتماعي والمالي والسياسي الخارجي، قد يُعانون بشكل كبير عوارض عدم الانسجام الداخلي ونتائجه.. فمعظم الناس قد يمتلكون (آمرًا) داخليًا لا يقبل الرحمة.. و(منفِّذًا) داخليًا محطَّمًا ومنهكًا، لا بد له من أن يَتمرَّد ذات يوم ليوصل هؤلاء الأشخاص إلى حالة انفصال تامّ عن ذاتهم الحقيقية. لأن هذا الانفصام الداخلي يخلق شخصية مضطربة، ومزيَّفة يتماهى بها المنفِّذ التعب مع الآمر الظَّالم.

صناعة الإنسان "النموذجي"/ الضبط الذاتي/
إلى مارد الفانوس السحري

الضبط الذاتي

إلى مارد الفانوس السحري

حين تتقوقع في فانوسك الضيِّق تعود إلى نموذجك وإلى محدوديَّتك..

وإلى سيطرة أسيادك عليك..

إنهم يعطونك هامش حرِّية محدوداً..

ويُخرجونك من فانوسك فقط كي يطلبوا منك شيئًا لتنفِّذه لهم..

وبعدئذ يُعيدونك إلى فانوسك..

وأنت تقول لهم: "شبَّيك.. لبَّيك.. عبدك بين يديك"..

والمشكلة هي أنك قد تصبح عبدًا لأيِّ شخص يحصل على فانوسك

السحري..

..

ألم يخطر ببالك مدى قوَّة سحرك؟

أنت تفعل العجائب لهم..

وهم يفعلون بك العجائب..

ألا تعلم أنك تستطيع أن تفعل الكثير من أجل نفسك؟

لماذا لم تخطر ببالك فكرة تحرُّرك من فانوسك؟
بدلاً من بقائك سجينًا خاضعًا لإرادة من يحمله..
أنت من يملك القدرة والإمكانيات غير المحدودة، وليسوا هم..
هم يملكون سلطتهم عليك..
وأنت تتآمر على نفسك معهم وتُطيعهم..
لماذا لا تجيِّر إمكانيَّاتك لمصلحتك.. وتجيِّر سلطتهم عليك، إليك؟
إن النوم لسنوات عديدة داخل فانوسك النموذجي غير مُجد لك..
وانتظارك المتراكم لسيِّد جديد يُخرجك من فانوسك إلى الحياة..
لا يمكن تسميته "حياة"..
لأن انتظارك المزمن هو حياة وهمية، وموت حقيقي..
..
حين تحرِّر نفسك من فانوسك السحري تفرح أنت..
ويخاف منك من كان سيِّدك..
لأنك لن تعود كما كنت في السابق..
قزمًا حين يريدك قزمًا..
وماردًا موقَّتا حين يريد منك شيئًا..
أمَّا حين تتحرَّر من فانوسك..
فستتجاوز سيِّدك وفانوسك.. وتبقى ماردًا إلى الأبد..
وتحرِّر ذاتك. . منك.

صناعة الإنسان "النموذجي"/ منظومة القطيع

منظومة القطيع

توطئة

تُبنى "منظومة القطيع" على الأسس التالية:

- نعاج القطيع / الرعيَّة / أفراد المجتمع:

  ■ التابعون

  ■ الموجَّهون

  ■ المطيعون

  ■ المستهلِكون

  ■ المستهلَكون

- الراعي / السلطة / الزعيم أو القائد:

  ■ القائد

  ■ الموجِّه

  ■ المراقب

- الكلب / القوَّة الدفاعية:

  ■ الأمن

  ■ الحماية من العدو

■ الدفاع عن القطيع

– الذئب / الخطر الذي يهدِّد الأغنام/ العدو:

■ العدو

■ الشر

■ الخطر

– (الدمغة) / العلامة المشتركة التي تميِّز أفراد القطيع عن باقي القطعان.

■ النعرة

■ العصبية

■ وحدة القطيع.

صناعة الإنسان "النموذجي"/ منظومة القطيع/
نعاج القطيع

منظومة القطيع

نعاج القطيع

النعاج هي مخلوقات اجتماعية بطبيعتها، تتجمَّع ضِمن قطيعها المشترك، ترعى وتشرب وتنام وتتناسل.. وهي مطيعة للراعي "بالفطرة".. وتلتزم بانتِمائها إلى القطيع أيضًا "بالفطرة"..

وعندما تحاول إحدى النعاج "الانحراف" عن "خط" سير القطيع، يقوم الراعي برشقها بحجر واحد يصيب هدفه دائمًا (على كثرة التكرار).. ترتعب النعجة "المنحرفة".. وترجع فورًا إلى القطيع، حيث لا رجم ولا ألم، فتعود هذه النعجة "الضالَّة" للتمتُّع "بالأمان".

لقد بُرمجت النعاج، بعد تلقِّيها ومنذ صغرها "دروسًا" عديدة ومتكرِّرة، على المعادلة التالية:

الخروج عن القطيع = الخطر + التعرُّض للرجم + المصير "المجهول"..

الانضمام إلى القطيع = الأمان (حيث لا خطر ولا رجم) + المصير "المعلوم"..

فتسعى النعجة إلى "الأمان" من خلال انصياعها لأوامر الراعي. لكنها

تجهل بأن التعرُّض لخطر الإصابة بحجارة الراعي المؤلمة، أرحم بكثير من سكِّين الجزَّار الذي لن يخلف موعدًا معها..

هذه هي آلية الضبط، الناجحة دائمًا، التي يُمارسها الراعي على النعاج، بهدف المحافظة على "سلامة" القطيع. ولكن "سلامة القطيع" هي نسبية وتختلف بين مصلحة الراعي ومصلحة النعجة..

فالراعي، طبعًا، لا يهمُّه "سلامة النعجة الشخصية" بل سلامة الـ 15-30 كلغ من اللحم (أي وزن النعجة)..

لنُسقط سيكولوجيًّا دور النعاج في منظومة القطيع من خلال شرحنا للمازوشية.

صناعة الإنسان "النموذجي"/ منظومة القطيع/ نعاج القطيع/ المازوشية.. ونعاج القطيع

منظومة القطيع
نعاج القطيع

المازوشية.. ونعاج القطيع

قبل سنة 1886 كان المصطلح الطبِّي النفسي للمازوشية يُسمَّى (الشبقية المؤلمة الساكنة) (Passive Algolagnia)، إلى أن جاء عالم النفس (كرافت إيبنج) وأسماها (المازوشية).. وهي كلمة مستوحاة من اسم كاتِب روائي يُدعى (ساشار مازوش) اشتهرت رواياته بأبطال وقعوا ضحايا لسلطة امرأة لا ترحم.

تُعرف المازوشية بالخضوع التامّ، بحيث يهرب المازوشي من شعوره المؤلم بالعزلة التي لا يتحمَّلها، فيجعل من نفسه تابعًا مطيعًا لشخص آخر.. ليكون "سيِّده المطاع" الذي يلعب دور موجِّهه وقائده والمقرِّر عنه (الراعي).. غالبًا ما يكون المازوشي متلقّيًا يطيع ولا يقرِّر (النعجة). ولا يعتبر نفسه شيئًا مستقلاً عن سيِّده.

يَشرح (فروم) الشخص المازوشي فيقول: "يُضخِّم المازوشي قوَّة من يَهب له نفسه بالخضوع: سواء أكان ذاك إنسانًا أم إلهًا. (هو كلّ شيء) و(أنا لاشيء)، (أنا مجرَّد جزء منه). وكوني "جزءاً"، فأنا جزء من العظَمة، القوَّة،

والثقة.. ويمكن للعلاقات المازوشية أن تكون متَّصلة بالرغبة الجنسيَّة الجسدية، في هذه الحالة يوجد مكان للخضوع، لا يُشارك فيه عقل الإنسان فحسب، بل وجسده أيضًا .. بحيث يتخلَّى الإنسان عن اكتماله، ويجعل من نفسه أداةً لأحد ما، أو لشيء ما خارج ذاته"*.

وهذا ما يحصل تمامًا مع الجماهير التي تُطيع زعيمها طاعةً عمياء، دون قيد أو شرط، وبالتزام "قطيعي" يقاطع العقل المحلِّل والمحاسِب بشكل تامّ.. وبذلك تلعب الجماهير التابعة لزعيمها "الأوحد"، "المبجَّل"، "بطل الأبطال"، "ممثِّل السماء على الأرض"، و"المؤلَّه"، و"سليل الأخيار".. دور (النعاج) في القطيع.

وما يُفرض على القطعان البشرية الاجتماعية، يُفرض على الركَّاب في أيِّ طائرة سياحية..

فالركَّاب، بالمبدأ، مقتنعون تمامًا أن هذه الطائرة سوف توصلهم إلى برِّ الأمان..

ومقتنعون أيضًا بأنهم مجرَّد ركَّاب، يكتفون بالتفرُّج من النوافذ أو بالأحاديث مع جيرانهم في الطائرة، أو النوم، وليس لديهم أيُّ طموحات إلى قيادة الطائرة..

ومقتنعون بأن يتركوا لقائد الطائرة، بغضِّ النظر عن معرفتهم بمستوى مهاراته في القيادة، موقع قيادتها.. فوجود القائد في قمرة القيادة في الطائرة هو أمر واقع مفروض على الركَّاب، فرضته ظروف لا علاقة لهم بها..

يلتزم الركَّاب بالنظام داخل الطائرة، وبمواقعهم المخصَّصة لهم. ويُسمح لهم بالتنقُّل في الطائرة "بحرِّية" في أوقات محدَّدة. ومن يتمرَّد على الالتزام بالأنظمة يُعاقب بإخراجه بالقوَّة من الطائرة (طبعًا قبل أن تطير). وهذا ما يحصل

---

* إريك فروم، فنّ الحبّ، ص23.

معنا في "طائراتنا الاجتماعية" بحيث نرى قادة مجتمعاتنا يقودونها، ونحن في معظم الأحيان لنا الحرِّية بأن نأكل، نثرثر، نصمت، نذهب إلى الحمَّام، أو.. ننام.

صناعة الإنسان "النموذجي"/ منظومة القطيع/ راعي القطيع

منظومة القطيع

راعي القطيع

الراعي هو الشخص المسؤول عن قيادة القطيع، والمحافظة على سلامة أفراده. ومِن المهمَّات الأساسية للراعي هي: قيادة القطيع، توجيهه، تحديد المرعى ومكان المبيت، ومواقيت الخروج من الزريبة والعودة مِن المرعى.. وهو الآمر الناهي في القطيع، لا يُرد له طلب.. يزوِّج ويبيع ويشتري ويذبح ما يشاء من أفراد القطيع.. ومِن مهمَّاته أيضًا ضبط "المتمرِّدين" مِن النعاج وإجبارهم على العودة إلى القطيع.

فراعي البقر، كما هو الحال مع "راعي البشر"، يعتبر أن قطيعه هو امتداد له، لسلطته، ولموارده.. ويعتبر القيِّمون على مزارع الأبقار أن كلّ بقرة لديهم هي مركز تكلفة وإيراد .(Cost & Profit Center) فإذا كان إنتاج البقرة من الحليب أقلّ من كلفتها، أو إذا قرَّرت البقرة عدم استهلاك علفهم لتخسر "وزنها الزائد"، تُذبح على الفور ليُباع لحمها.. أمَّا إذا كان العكس، تبقى معزَّزة.. مكرَّمة.. في المزرعة... إلى أن تصبح كلفتها أقلّ من إنتاجها..

كذلك الأمر بالنسبة إلى القيِّمين على "مزارع البشر" في مختلف العصور،

فالإنسان عندهم مركز تكلفة وإيراد، أي أداة منتجة وأداة استهلاك.. فإذا توقَّف عن الإنتاج، وجب "ذبحه اجتماعيًا".. أمَّا إذا توقَّف عن الاستهلاك، وجب (إجباره أو تحفيزه) على استهلاك منتجاتهم (المفيدة والضارَّة له على السواء).. المهمّ عندهم هو أن يبقى أداة استهلاك لبضائعهم..

والجدير ذكره هنا هو أن:
راعي القطيع هو
نعجة في قطيع الرعيان..
وقطيع الرعيان هذا له راعٍ..
..
وراعي قطيع الرعيان..
هو نعجة من نعاج قطيع رعاة قطعان الرعيان..
وقطيع رعاة قطعان الرعيان له راعٍ..
..
وراعي قطيع رعاة قطعان الرعيان..
هو نعجة من نعاج قطيع رعاة قطعان رعاة قطعان الرعيان..
وطبعًا.. قطيع رعاة قطعان رعاة قطعان الرعيان له راعٍ..
.. وهكذا دواليك.

لنخرج من هذه الدوامة اللانهائية، ولنُسقط سيكولوجيًّا دور "راعي البشر المستبدّ" (وما أكثر أمثاله في التاريخ) من خلال شرحنا للسادية.

صناعة الإنسان "النموذجي"/ منظومة القطيع/
راعي القطيع/
السادية.. وراعي القطيع

منظومة القطيع
راعي القطيع

السادية.. وراعي القطيع

كانت (السادية) تُسمى (شبقية مؤلمة نشيطة) (Active Algolagnia) في الطبّ النفسي، لكن بعد مجيء "كرافت إيبنج" أصبح اسمها "السادية" وهذا الاسم استوحاه "إيبنج" من اسم الروائي الفرنسي "دي ساد" الذي اشتهر أبطال رواياته بالتلذُّذ بالإيلام، وتعذيب شريكاتهم جنسيًا.

يُعتبر السادي شريك المازوشي في علاقة السيِّد والعبد، كالراعي والنعجة، بحيث يلعب السادي دور الجلَّاد، أو السيِّد، أو الراعي، بينما يلعب المازوشي دور الضحية، أو العبد، أو النعجة. ولا يستطيع أيّ منهما التخلِّي عن الآخَر، لأن بينهما "مصلحة مشتركة" كما هي مصلحة الراعي والنعجة. فالأول يهرب من عزلته في جعل الآخرين تابعين له.. والثاني يهرب من عزلتِه، لينضم إلى شخص آخر، ليكون جزءًا تابعًا ومرتهنًا له. فالسادي يسعى إلى تعذيب الآخرين

وجعلهم عبيدًا، بينما المازوشي يسعى إلى أن يتعذَّب وأن يعيش كضحية مطيعة لا تستطيع العيش دون جلَّادها المستبدّ.

فمن خلال علاقة "رعيان البشر" الساديِّين مع "أتباعهم" المازوشيِّين: عاشت الحروب.. وماتت الشعوب.

صناعة الإنسان "النموذجي"/ منظومة القطيع/ الكلب "حامي القطيع"

منظومة القطيع

الكلب "حامي القطيع"

تتلخَّص مهمَّة الكلب بحماية القطيع مِن أيِّ خطر خارجي.. ففي الليل يَحرس مكان المبيت، وفي النهار يُرافق القطيع في كلّ رحلاته ليمنع الذئاب من مهاجمة النعاج.. ويُعتبر الكلب "حامي الحمى" الذي يعرِّض نفسه للخطر في سبيل الدفاع عن سلامة أفراد القطيع.. والكلب مدرَّب بشكل جيِّد للقتال..

والكلب دائمًا فخور بدوره الذي يقوم به.. وهو مقرَّب من الراعي و"الطفل المدلَّل له".. فبعد كلّ معركة ناجحة مع الذئاب، يَحتلّ الكلب مكانةً أعلى عند جميع النعاج وخصوصاً عند الراعي.. أمَّا بعد كلّ معركة خاسرة مع الذئاب، فيتمُّ استبدال الكلب الجريح المهزوم، دون رحمة، بكلب "أفضل منه"..

تعمد الدول، والمجتمعات، والقبائل، والعشائر، والقطعان البشرية، المتخلِّفة منها و"المتطوِّرة"، القديمة منها والمعاصرة، دون استثناء، إلى تنظيم مقاتلين شرسين، ومدربين جيِّدًا، ليلعبوا دور الحامي لقطعان البشر من العدو المتربِّص بهم بشكل دائم.. فتنفِق هذه المجتمعات معظم مواردها المادِّية والبشرية والمعنوية في سبيل تأمين حماية "قطعانها" من الاعتداء عليها.. وفي

معظم الأحيان، يستغِلّ القيِّمون على القطعان هذه التنظيمات المقاتلة لبسط سلطتهم على قطعان أو مراع أُخرى، بحجَّة الدفاع عن مصالح القطيع.. وبهذه التنظيمات "الشرسة" و"المقاتلة" و"المدرَّبة" جيِّدًا و"المطيعة" لرعيانها، قام كلّ الرعيان المجانين بحروبهم التي جرَّت الويلات والمآسي على البشر والحجر..

صناعة الإنسان "النموذجي"/ منظومة القطيع/ الذئب "عدوّ القطيع"

منظومة القطيع

الذئب "عدوّ القطيع"

يُعتبر الذئب "العدوّ الأوحد" للقطيع، (علمًا بأن أسواق بيع اللحم هي أشدّ خطرًا عليهم من كلّ الذئاب)، والذئب يجسِّد "الشرّ" و"الخطر الدائم" الذي يهدِّد "أمن" القطيع.. وهذا الخطر المحيط بالقطيع "يُجبِر" الراعي على اتِّخاذ تدابير حماية "صارمة" لمواجهة "خطر العدو".. فيفرض على النعاج التزام أقصى أنواع التقيُّد بالقوانين المفروضة عليهم، حفاظًا على "سلامتهم" وعلى "أمنهم" الشخصي.. وقد يَستغلّ الراعي وجود الخطر لممارسة تخويف النعاج من الذئاب، لجعلهم ينضوون تحت سقف الراعي طلبًا للأمان.. وبذلك يجعلهم الخوف (سلسي القيادة)، ومطيعين، و"متفهِّمين" إلى أقصى الحدود..

والذئب الخطر هو مِن أهمِّ أسباب وجود الكلب في القطيع.. ولولا وجود الذئب، قد يخسر الكلب وظيفته "النموذجية"، ألا وهي، "حماية القطيع من العدو"..

يَلجأ جميع القيِّمين على الدول، والمجتمعات، والقبائل، والعشائر، والقطعان البشرية، المتخلِّفة منها و"المتطوِّرة"، القديمة منها والمعاصرة.. إلى

التأكيد على الخطر المشترك الذي يهدِّد سلامة القطيع البشري مِن قِبَل "العدو الشرس" الذي يجسِّد "الشرّ" و"الإرهاب" بكلّ جوانبه. فيُربي أفراده على الخوف، ويشحنهم بالحقد، والكره، والعدوانية.. وهذه التربية ، المبنية على الخوف والقلق على المصير، كافيَة لجعل أفراد القطيع البشري: نعاجًا سهلة القيادة، ومرتبكين، لدرجة تجعلهم يوافقون على أيّ شيء يحمل لهم ولأولادهم "الأمان".

صناعة الإنسان "النموذجي"/ منظومة القطيع/ العصبية.. ومنظومة القطيع

منظومة القطيع

العصبية.. ومنظومة القطيع

يحوي القطيع نعاجًا تتشارك في (دمغة) موحَّدة وهي علامة مشتركة تُطبع على أجسامها لتفريقها، وتمييزها عن باقي القطعان.. (وهي بمثابة العِرق، القومية، الجنسية، الطائفة، والعشيرة عند البشر).

ترعى معًا.. تبيت معًا.. تمرض معًا.. وتخاف معًا.. وأحيانًا كثيرة "تُباع"، أو "تُذبح" معًا..

فالعوامل التي تجمعها في قطيع واحد هي:

- المصير المشترك..

- المرعى المشترك..

- المأوى المشترك..

- الولاء الأعمى المشترك..

- الخوف المشترك من العدو المشترك (الذئب)..

- والدمغة (أو العصبية) المشتركة..

يشرح لنا الدكتور مصطفى حجازي العصبية بقوله: "من حيث التعريف

والديناميكية، العصبية هي قارَّة تميل إلى الثبات والاستقرار الذي تجعل منه الحالة المثلى: تقاليدنا، قِيَمنا، عاداتنا.. إنها نظام مغلق يميل إلى التكرار وإلى إعادة إنتاج ذاته كحالة مثالية، وبالتالي فالعصبة مدفوعة بديناميكية الجمود، والعادة، والتقليد، والحفاظ عليها، ورفعها إلى مرتبة القيَم موضع التقدير والفخر. ولذلك، هي على عكس الأنظمة المفتوحة على العالم الخارجي: تغذِّيه، وتتغذَّى به، وبالتالي تنمو وتتطوَّر وتتغيَّر. فالعصبية تحاول أن تأخذ وتغذِّي حالتها الثباتية، وهو ما يعزِّز قوى مقاومة التغيير(*).

"وينمو لدى الفرد استعداد دائم لتجسيد هذا الانتماء الذي يتَّخذ طابع التماهي الكلّي، بل الذوبان الكلّي في جماعته العصبية. فيصبح هو هي، وتصبح هي هو، وخصوصًا في حالات التهديد الخارجي. ويعمُّ الشعور بالعصبية أفراد العصبة كلّهم بالتساوي، مما يجعله يرتقي إلى مستوى الوعي الجماعي المتيقِّظ، الذي يوجِّه رؤية الفرد وسلوكه ومواقفه، وآراءه..

وتولِّد العصبية مشاعر الولاء والانتماء بين أعضائها، وهذه المشاعر تعطيهم الإحساس بالقوَّة التي تتسامى على الفردي والجزئي. فمن العصبية يستمدُّ الفرد قيمته ودلالته، ومن موقعه ضمنها، يستمدُّ مكانته. ويصبح عدم الالتزام بالعصبية نوعًا من النيل من الذات، وتهديدًا خطيرًا لها. وهكذا تتَّخذ العصبية شكل (النحن العصبيّ) أي النعرة، والعزوة (التي تمدُّ بإحساس قوَّة الكثرة وغلبتِها)، والتناصر والتعاضد والالتِحام". (**)

تقوم المجتمعات والأمم بإضفاء صفة "القداسة" على القيَم المجتمعية التي تراها كضرورة حتمية تكرِّس أمن مصالحها. فبعض المجتمعات تمجِّد:

- القوَّة الجسدية، القوَّة المعنوية، المستوى الثقافي، التبتُّل، الفحولة الجنسية،

(*) د. مصطفى حجازي، الإنسان المهدور، ص 46 و47.

(**) م.ن. ص 46.

السلطة، الالتِزام الديني، الإنجازات العلمية، اقتناء المال، قتل أطفال الأعداء، الانفتاح، التعصُّب أو التقوى. بغضِّ النظر إذا كانت هذه القِيَم المجتمعية النسبية حقَّة أم لا وفق المستوى الإنساني الفطري.

هذا "التقديس"، أو (المثلنة)، أي رفع بعض القِيَم الاجتماعية إلى مستوى (المثال)، كان سببًا أساسًا للحروب المدمِّرة عبر التاريخ ولاستلاب عقول ملايين البشر من خلال برمجتهم وفق قِيَم "مثالية"، قد تكون في أحيان كثيرة: مضلِّلة، أو انتهت مدة صلاحيَّتها بمرور الزمن..

"فمِن خلال (المثلنة) ترتفع العصبية إلى مرتبة النقاء والتنزُّه عن الشوائب، وحالة الأمل المرتجى تحقيقه، أو الحفاظ عليه. وتستند هذه المثلنة إلى أُسطورة من نوع ما، أو إلى حالة اصطفاء من مثل "العرق النقي"، و"شعب الله المختار"، و"الأمة المجيدة"، أو "أمجاد الأجداد". وتتغذَّى هذه المثلنة أيضًا من خلال سموِّ العقيدة، أو السحب من الرصيد الديني وسُموِّه وفخر الانتماء إليه. وهكذا تكتسب الجماعة دلالة متعالية وتحاول أن تغذِّيها من خلال برامج منظَّمة من الشعائر والمناسبات(*).

(*) د. مصطفى حجازي، الإنسان المهدور، ص 48.

صناعة الإنسان "النموذجي"/ إلى المناضل من أجل "القضية"

إلى المناضل من أجل "القضية"

أخي المناضل من أجل القضية..

المناضل من أجل كلّ القضايا، ما عدا قضيَّته الفردية الأساسية..

كلّ الثورات في العالم دعتك للتحرُّر من سجون أعدائها..

لتضعك في سجونها هي..

كنت سجينًا قبل هذه الثورات، وما زلت سجينًا بعدها..

وضعُك لم يتغيَّر..

لكن الظُّروف والمصالح السياسية والاقتصادية لأُمراء حروبك هي التي تغيَّرت فقط..

..

وأنت بقيتَ دائمًا وقود هذه الحروب..

وأنت من بُترت ساقه ولم يتحرَّر..

ناضلت من أجل الحرِّية، فتحرَّرت ساقك منك..

وأنت من أسَرك أعداء الثورة..

وحرَّرتك الثورة من أسْرك..

فتحرَّر أسرك منك، ولم تتحرَّر أنت..

..

73

وأنت من قُتلت في سبيل "الحرِّية" و"القضية"..

فقضت قضيَّتك على حياتك، ومتّ..

وتحرَّرت حياتك منك، ولم تتحرَّر أنت..

كما لم تحرِّر بموتك أرملتك..

ولا أولادك (الذين خرَّجتهم بنضالك أيتامًا) تحرَّروا..

..

عشت حياتك صامتًا، إلا في المهرجانات، والخطابات..

ذهب عمرك وأنت تتبع رعيانك..

وتصرخ لهم بأعلى صوتك: يعيش.. يعيش..

وأنت من كان دائمًا: يموت.. يموت..

..

وكنت وما زلت تدعو إلى الحرِّية والتغيير..

لكن الذي تغيَّر فعلاً هو أسماء أسيادك..

وتحالفات رعيانك وعداواتهم..

وبقيت أنت نعجة مطيعة، تتبع مؤخِّرة النعجة التي أمامها في القطيع..

ولا تتبع رأسها هي..

..

قضيت عمرك كله "مناضلاً" من أجل "القضية"..

فخسرتَ حرِّيتك في حياتك التي هي قضيَّتك الحقيقية.

بين الطبيعة.. والمجتمع

حَرِّر ذاتَكَ.. مِنكَ

بين الطبيعة.. والمجتمع/ "الهو" و"الأنا" و"الأنا" العليا

"الهو" و"الأنا" و"الأنا" العليا

يَعتبر عالم النفس الشهير (فرويد) أن شخصية الإنسان تتكوَّن من ثلاث منظومات أساسية تحكم مسار شخصيَّته، وأداءها في الحياة. وهذه المنظومات الثلاث هي:

- الأنا العُليا (The Supper Ego)
- الهُوَ (The id)
- الأنا (The Ego)

الأنا العليا (The Supper Ego)

تُجسِّد (الأنا العليا) الجانب الاجتماعي للشخصية. وهي تتحكَّم في حياة الفرد وتصرُّفاته. والتحكُّم يحدث من خلال الضمير. والضمير تُحرِّكه منظومة القيَم، والأعراف الاجتماعية، والمبادئ، والمعتقدات الدينية، التي تربَّى عليها الفرد بواسطة البيئة الاجتماعية التي عاش فيها. فالشخصية المتماهية مع (الأنا العُليا) هي الأكثر تحفُّظًا، والأكثر مثالية و"نموذجية" والأقلّ واقعية، وهي بالنهاية تهدف إلى "الكمال"..

الهُوَ (The Id)

يَشمل (الهُوَ) الجانب البيولوجي للشخصية البشرية، ويشكِّل الجزء الأساسي

منها. وهو، بعكس (الأنا العليا)، لا يُراعي الجانب الاجتماعي للفرد، ولا يَعترف بالمحاذير الاجتماعية وقيَمها. و(الهُوَ) لاشعوري تماماً، ويعمل على المسارين اللذين ذكرناهما سابقًا وهُما:

1- الانجذاب نحو المتعة.

2- تجنُّب الألم.

الأنا (The Ego)

تمثِّل (الأنا) الجانب السيكولوجي للشخصية البشرية. وهي تتعاطى بواقعية، وتُعتبر الشخصية الأكثر اعتدالاً بين المنظومتين المتناقضتين: (الأنا العليا) و(الهُوَ). وتقوم (الأنا) بلعب دور الوسيط الذي يُراعي حاجات (الهُوَ) الداخلية آخذًا في الاعتبار محاذير العالم الخارجي، وتتصرَّف على هذا الأساس. بحيث تقوم بتنفيذ رغبات (الهُوَ) بصيغة "مقبولة" اجتماعيًا لا تُعارضها (الأنا العُليا). فتمثِّل (الأنا) الإدراك والتفكير والحكمة والملاءمة العقلية، وتشرف على النشاط الإرادي للفرد.

بين الطبيعة.. والمجتمع/ بين النضج الطبيعي.. والنضج الاجتماعي

بين النضج الطبيعي.. والنضج الاجتماعي

تصبح الفتاة، من الناحية الطبيعية، "ناضجة جنسيًّا" في سنِّ الثانية عشرة تقريبًا.. والفتى في سنِّ الخامسة عشرة تقريبًا. أمَّا من الناحية الاجتماعية، تصبح الفتاة "ناضجة للزواج"، أي للممارسة الجنسية "المشروعة" اجتماعيًا، في سنِّ الثامنة عشرة أو أكثر بكثير.. والفتى في سنِّ 26 تقريبًا أو أكثر بكثير.. وتختلف أرقام "النضج" الاجتماعي بحسب اختلاف المجتمعات.

ماذا يعني هذا الفارق الزمني الكبير الذي يَفصل فترة النضج الجنسي الطبيعي وفترة "النضج" الاجتماعي؟

هذا يعني أن الإنسان - خلال كلّ السنوات التي تفصل بين نضجه الطبيعي و"نضجه" الاجتماعي، قد يعيش حالة من الكبت الجنسي، العاطفي، والشعوري الذاتي. وتظهر تلك الحالة كنتيجة حتمية لضغوط الضوابط الاجتماعية الصارمة في معظم الأحيان. وهذه السنوات تُعتبر مِن أهمِّ سنوات حياتنا، وأكثرها تأثيرًا في مستقبل ذكائنا العاطفي في المراحل الحياتية القادمة..

إن التضارب الزمني بين النضج الطبيعي و"النضج" الاجتماعي قد يؤثِّر تأثيرًا سلبيًّا في المرأة والرجل على السواء.. ويؤدِّي هذا التضارب إلى إنكار لإحدى أهم طبائع الإنسان الفطرية، ومشاعر جسده وأحاسيسه. وبسبب هذه الضوابط الاجتماعية والذاتية، يصبح الإنسان المكبوت، أُمِّيًا جنسيًّا، وعُرضة

لحالات متناقضة تمامًا بين ما يريده جسده، وما تحثُّه عليه طبيعته (الهُوَ)، من جهة، وبين ما يريده مجتمعه وقيَمه المجتمعية التي تَربَّى عليها (الأنا العُليا) من جهة أُخرى.

يضطرُّ (الإنسان المكبوت) إلى اتِّخاذ مواقف مترجرجة تتمحور بين قطبين متناقضين وهُما:

- اللجوء إلى الإنكار، وبالتالي إلى طاعة الضوابط الاجتماعية..
- اللجوء خلسة إلى التمرُّد على هذه الضوابط مترافقًا مع شعوره الدائم بالذنب..

إن إنكار الإنسان لأحاسيسه ومشاعره، وتجاهله لحاجاته الطبيعية والأساسية، يؤدّيان إلى عدَّة سنوات من حالة انقسام داخلي بين ما يريده هو، وما يريده مجتمعه منه. وهذا ما قد يوصله إلى مشاكل نفسية متعدِّدة الأنواع والخطورة لا يمكن تجاهلها.

فكلّ شيء ننكره سوف ينكرنا..

وكلّ شيء نكبته سوف يكبتنا..

وكلّ شيء نحدُّه خارجيًا، يحدُّنا داخليًا..

وكلّ شيء نُساهم في تجنُّبه وتزييف حقيقته، يُساهم في تجنُّبنا لذاتنا الحقيقية، وتزييفها..

وهذا الكبت يجعلنا نبني صروحًا بشرية مزيَّفة تُشجع حالة الانفصام التي قد تنطبع بذاكرة أجسادنا، وأحاسيسنا، ومشاعرنا حتى بعد الزواج.. أضف إلى ذلك، أن هذه الحالة قد ترسم في داخل أيِّ إنسان حالة اضطراب مرَضيّ تُسهم في استعباده بسهولة، لأنه إنسان مضطرب تدور في داخله "انقسامات داخلية" ما بين رغباته الفطرية الطبيعية وبين منظومة المعتقدات الاجتماعية التي تربَّى عليها. وبهذه الطريقة يصبح الإنسان سَلِس القيادة نتيجة لهذه الحالة الداخلية المربكة له بشكل دائم.

أمَّا إذا تمرَّد الإنسان على الضوابط الاجتماعية، وتبع أحاسيسه الفطرية،

ورغباته الطبيعية، فقد يقع نتيجة لتمرُّده في جحيم الشعور بالذنب نظرًا إلى مخالفته النُظم الاجتماعية والدينية والأخلاقية والأسرية التي تربَّى عليها، والتي تمنع ما يقوم به من مخالفات "مميتة اجتماعيًا". وقد يتورَّط هذا الإنسان في علاقات جنسية غير طبيعية نظرًا لأُمِّيته الجنسية، ولسرِّية هذه العلاقات، ولعدم وجود تربية جنسية سليمة من قِبَل الأهل في أكثر الأحيان. إن الربط بين الجنس والحبّ من جهة، وبين الشعور بالذنب من جهة أُخرى قد يؤدِّي حتمًا إلى اضطرابات عاطفية عديدة تؤثِّر بشكل جذري في الحياة النفسية المستقبلية.

فالشعور الدائم والعميق بالذنب يحوِّل أيَّ إنسان إلى شخص مضطرب محكوم بهذه العقدة، فيتحوَّل من إنسان حرّ إلى شخصية سَلِسة القيادة، وضحية سهلة للاستغلال. وهذا مِن أهمِّ أسباب تخلُّف الإنسان التاريخي واستلاب إمكانيَّاته الإبداعية.

وكما يُقال:

"إذا قرَّرتَ أن تُسيطر على تصرُّفات أحد ما.. دعه يشعر معك بالذنب".

بين الطبيعة.. والمجتمع/ الرغبة الجنسية

الرغبة الجنسية

الرغبة الجنسية هي أقرب الرغبات إلينا. وتحمل الرغبة الجنسية في طيَّاتها طاقة الحياة وطاقة الخلق. إنها الرغبة التي تُعبِّر بشكل مباشر عن مشاعرنا الحقيقية، وأحاسيسنا الفطرية دون مواربة أو تزييف.

فالرغبة الجنسية هي رغبة طبيعية تمامًا وتنبع من (غريزة استمرار النوع) التي تشمل الحبّ في معظم تمظهراته مثل: الأمومة، والأبوَّة، والبنوَّة، والأخوَّة.. وتشمل أيضًا الحبّ الكوني بين قطبي الذكر والأنثى عند جميع المخلوقات، وهي مسؤولة عن استمرار خلق نماذج جديدة من كلّ سلالة حفاظًا على بقاء هذه السلالة إلى الأبد، وعدم انقراضها. وهنا تكمن أهمِّية هذه الرغبة الفطرية المؤثِّرة بشكل فعَّال جدًّا في سلوك الإنسان والمخلوقات الأخرى وفي خلود سلالاتها.

منذ فجر التاريخ إلى اليوم، يقوم بعض الكهنة والقيِّمين على المجتمعات "بتعليمنا" ضرورة كبت هذه الرغبة الأساسية عندنا، وتهميشها وإنكارها، باعتبارها أحد أبواب الخطايا الكبرى. وإذا سمحنا لأنفسنا بتلبية ندائها الطبيعي، نكون قد "وقعنا في المحظور". وهذا المحظور قد يعرِّضنا للمحاسبة بشتَّى أنواع العقوبات النفسية، المادية، المعنوية والاجتماعية دون رحمة. فالتاريخ القديم والحديث يحتفظ بين صفحاته بمئات الآلاف من "فضائح الشرف"،

و"جرائم الشرف"، التي تعرَّضت ضحاياها للحرق، للذبح، للرجم بالحجارة حتى الموت، أو بالرجم النفسي والمعنوي، والنبذ الاجتماعي.

..

فعندما يقولون لنا منذ بداية طفولتنا إلى أن نتزوَّج:

"هذا منزلكم الجديد الذي يحوي 40 غرفة متشابهة"..

"وكلّ الغرف متاحة، ومباحة لكم إلّا غرفة واحدة فقط"..

"إنها من الممنوعات"..

"ويحرَّم عليكم دخولها.. أو معرفة ما تحويه"..

ماذا يحصل لنا عندئذ؟

سننسى طبعًا جميع الغرف الـ39 ونركّز كلّ انتباهنا على هذه الغرفة "الغامضة".. لأن العقل البشري يثيره الغموض فيسعى إليه، ويخاف منه في الوقت نفسه.. فنتشوق لمعرفة ما تحويه هذه الغرفة من خلال فضولنا العقلي الفطري، ونخافها لأن طبيعة العقل البشري تخاف المجهول..

فتصبح "أشهر" غرفة في منزلنا همَّنا الشاغل كلّ الوقت..

هذا سيناريو لما يحصل للأفراد في المجتمعات التي تمنع الحرِّية الجنسية..

..

أمَّا في المجتمعات التي تسمح بالحرِّية الجنسية، فالأمر مختلف تمامًا..

سيقولون لنا منذ بداية طفولتنا:

"هذا منزلكم الجديد الذي يحوي 40 غرفة متشابهة"..

"وكلّ الغرف مُتاحة، ومُباحة لكم دون استثناء"..

"ويُسمح لكم بدخولها.. ومعرفة ما تحويه"..

ماذا يحصل لنا عندئذ؟

سننسى طبعًا جميع الغرف الـ40، ونركّز كلّ انتباهنا على أشياء أُخرى قد تكون أهمّ بكثير من شغلنا الشاغل للدخول ومعرفة ما في هذه "الغرفة الشهيرة".. وسننسى طبعًا بأن في منزلنا "غرفة شهيرة" وغرف عادية..

..

الإنسان غير المكبوت جنسيًّا:
قد يمارس الجنس ساعة في اليوم..
أمَّا الإنسان المكبوت جنسيًّا:
فيمارسه الجنس طوال حياته.. ويلازمه حتى تحين ساعته..

..

حين يُسمح لنا بدخول جميع الغرف دون استثناء، لن يبقى هناك شيء غير طبيعي، وسنتعرَّف إلى منزلنا بغرفه الأربعين دون خوف أو تعلُّق أو عقَد. وستكون أهمِّية هذه الغرفة بالنسبة إلينا 1/ 40 وليس 40/ 40 كما هي الحال عند وجود «غرفة شهيرة» في منزلنا.

..

ومن الواضح لدينا أن رغبة الأكل والشرب هي رغبة جسدية فطرية موجودة عند الإنسان، كما عند باقي المخلوقات.. وهي لا تقلّ شأنًا، كما لا تزيد أهمِّية، عن الرغبة الجنسية. إن هاتين الرغبتين، من الناحية الطبيعية، هما غرفتان متطابقتان في منزلنا ولدينا الصلاحيَّات ذاتها عليهما..

والجدير ذكره هنا أن المجتمعات تُعامِل الرغبة الجنسية (كغريزة حيوانية دُنيا) فتقوم بضبطها والحدّ من انتشارها.. بعكس ما تتعامل مع رغبة الأكل التي هي أيضًا (غريزة حيوانية دُنيا) و(ما دون الحيوانية أيضًا) فتقوم بتشجيعها وتسويق المنتجات الغذائية، الضارّ منها والمفيد على السواء..

..

مَن منَّا يقضي كلّ حياته يأكل ولا يَشبع؟..
متى يأكل الإنسان الأكل بشكل "حيواني" ، وبشراهة مَرضية؟..
يأكل الإنسان بشكل "حيواني" (فقط) حين يُمنع عنه الطعام وتُكبت عنده رغبة الأكل..

..

متى يمارِس الإنسان الجنس بشكل "حيواني" وبشراهة مَرضية؟

يمارِس الإنسان الجنس هكذا (فقط) حين يُمنع عنه الجنس وتُكبت عنده الرغبة الجنسية.

..

يقول لنا بعض القيِّمين على المجتمعات بأن:

"الأخلاق" هي التي تمنع "الخلاعة، والشذوذ، والجرائم الجنسية... الخ"

وبأن "قِلَّة الأخلاق" هي التي تولِّد "الخلاعة، والشذوذ، والجرائم الجنسية... الخ"

..

لكن علماء النفس يخبروننا بأن:

الخلاعة، والشذوذ، والجرائم الجنسية... الخ هي من كثرة "الكبت الجنسي"..

لكن كثرة الكبت الجنسي هي من كثرة ضغط "الأخلاق"

وهذا يوصلنا إلى أن الخلاعة، والشذوذ الجنسي، والجرائم الجنسية... الخ هي حصيلة:

"كثرة" "الأخلاق"..

وليس "قِلَّة" "الأخلاق"..

..

كلما مارسنا ضغوطًا داخلية لضبط رغبة ما، اكتسبت هذه الرغبة طاقة إضافية كامنة.. وكلما ضغطنا على وتر القوس النشَّاب أكثر وأرجعناه إلى الخلف، ازدادت قوَّة انطلاق السهم الكامنة.

هذا ما يحصل لنا تمامًا. إن توتُّرنا الكامن بداخلنا، من خلال الضبط الداخلي، يجعلنا نشبه القوس النشَّاب والسهم قُبيل انطلاقه. إنه يبدو هادئًا رصينًا، لا يتحرَّك.. لكن يوجد بداخله قوَّة كامنة مضبوطة بقوَّة عكسية تكبت انطلاقه. فإذا ما خفَّ ضغط اليد التي تمسك بالسهم، (لأيِّ ظرف كان) يُفلت

85

السهم من القوس باتِّجاه الأمام وبقوَّة عكسية توازي قوَّة اليد التي أرجعته إلى الخلف.. أمَّا حين يكون القوس والسهم في موضعهما الطبيعي ودون ضغط السهم إلى الخلف، لن يُجنّ جنون السهم ويَنطلق بقوَّة إلى الأمام.. بل يسقط إلى الأرض.. لأن القوَّة العكسية الكامنة لانطلاقه تُساوي صفرًا..

..

نحن لا نطالِب "بالتفلُّت الجنسي النموذجي" و"الإباحة الجنسية النموذجية"، بل نطالب بالحبّ الطبيعي الصحِّي ..

..

نطالب بالصحَّة الجنسية، بالثقافة الجنسية الضرورية (لمحو الأمية الجنسية) التي يُعانيها حتى معظم المتزوِّجين..

..

نطالب بالانفتاح على الجنس الآخر والتواصل معه، وبالاستقرار العاطفي، والنفسي الخالي من العقَد، ومن الكبت المَرضي، وعدم التوازن الداخلي..

..

نطالب بأن يتعرَّف الإنسان ذكرًا كان أم أُنثى إلى طبيعته، إلى جسده، وإلى أحاسيسه بشكل طبيعي، بدل أن يتعرَّف إليها خلسةً، وبطريقة سرِّية، خاطئة، وغير صحِّية وهذا ما يحصل في مجتمعات تحريم الجنس خارج إطار الزواج..

..

علينا أن نوقف "قضيَّتنا الوحيدة في الحياة" المبنية على "خططنا" المتكرِّرة لغزو واكتشاف "الغرفة الشهيرة" في منزلنا، والتفرُّغ لأُمور أهمّ منها بكثير. فحين نبقى أسرى "الغرفة الشهيرة"، نجعل حدود عالمنا مساوية لحدود منزلنا وبالتحديد باب "الغرفة الشهيرة"..

..

أمَّا الشعوب التي وصلت إلى القمر والمريخ، وتنوي غزو الكون واكتشافه، فلم تعد "غرفتنا الشهيرة" من أهدافها منذ زمن بعيد.

بين الطبيعة.. والمجتمع/ اللاّملكية في الحب

اللاّملكية في الحب

الحبّ هو تواصل وتفاعل وتوحُّد دون تملُّك..
فعندما أُحبّ امرأة تصبح حبيبتي، بكلّ بساطة..
ولا تصبح مِلكي (أي من ممتلكاتي الخاصَّة)..
فتملُّك البشر هو من شرع الأسياد والعبيد..
والحبّ هو تحرُّر وتفاعل ناضج بين شريكين..
والحبّ الحقيقي، المتحرِّر من عقَد التملُّك، لا يتناسب مع نزعة الاستهلاك..
فالبشر، ليسوا كالسيَّارات، أو كالثياب... الخ عُرضة للاقتناء..
لأن الاستهلاك هو من إنتاج (الأنا) المزيَّفة..
والحبّ هو حالة تذوب فيها الأنا والـ(أنت) لتحيا الـ(نحن) عوضًا عنهما..
أمَّا التملُّك فيحتاج إلى (مالك)..
و(الأنا) التابعة للمالك تحتاج إلى "ممتلكات" لتتملَّكها..
وفي غياب (الأنا) يَغيب (المالك) و(المملوك)..
..
فالحبّ الحقيقي الصحِّي يحرِّر الشريكين..
ويحوِّل كلاًّ منهما من متسوِّل عاطفي إلى إنسان ناضج..

يتفاعل عاطفيًا مع من يحبّ بشكل صحّي وطبيعي..

..

إن الإخلاص للشريك هو حالة فطرية تعبِّر عن علاقة الحبّ الطبيعية..

والإخلاص للشريك ليس فريضة اجتماعية أو قانون من قوانين السير، يجب علينا عدم المخالفة، كي لا نتعرَّض "لخطر" مَحاضر الضبط..

كلّ الخيانات خطرة.. لكن أخطرها (خيانة الذات)..

خيانة طبيعتنا الإنسانية الفطرية التي بداخلنا..

طبيعتنا الفطرية المتحرِّرة من أيِّ استلاب فكري، عاطفي، أو اجتماعي..

..

فالخطيئة الفعلية هي حين نكون:

"ملتزمين" أمام الآخرين "بإخلاصٍ" مزيَّف..

وخائِنين لذاتنا خيانةً حقيقية..

هذه هي الخطيئة الحقيقية بعينها..

..

فلا يمكن لأحد أن يَضع ملصقًا أزليًّا على جبينه كُتب فيه : "أنا أُحبُّك"..

لأن ذلك غير واقعي، ولا يمثِّل رؤية عميقة لحقيقة التواصل البشري..

ولأنَّه لا يتناسب مع ماهية مشاعر النفس البشرية وأحاسيسها..

..

إنَّكِ (حبيبتي) فقط حين أحيا الحبّ معكِ..

لذلك يمكنني القول أنتِ (الآن) حبيبتي..

إذا كان الحبّ هو الحقيقة التي أعيشها معك الآن..

ولا يصحُّ أن أقول لك دائمًا أنَّكِ (حبيبتي)..

إذا كنتِ في السابق "حبيبتي"..

وأنتِ (الآن) لستِ كذلك..

أو إذا كنتُ "أعتقد" بأنَّكِ قد "تعودين" في المستقبل "حبيبتي"..

وأنتِ (الآن) لستِ كذلك..

لا يمكننا تحويل الحبّ إلى عُرف نطبِّقه ولا نعيشه..

لأن كلّ شيء يتحوَّل إلى عُرف، يموت ليحيا مكانه العُرف..

كلّ الأشياء الكونية الأزلية، التي يحوِّلها البشر إلى مؤسَّسات، تزول..

فتموت هذه الأشياء لتحيا المؤسَّسات..

..

وهذا ما ينطبق أيضًا على الحبّ البشري.. فالحبّ يموت عندما يتحوَّل إلى "أمر واقع"، أو عُرف، أو مؤسَّسة اجتماعية.. لأن الحبّ هو (حالة حياتية) وهو خاضع، كغيره، في العالم النسبي للقانون الكوني الثلاثي وهو: الخلق، المحافظة، ثم الزوال.. لذلك نراه يولَد، ينضَج، يمرَض، يضعُف، وقد يتعافى.. أو يموت.

بين الطبيعة.. والمجتمع/ بين الزواج.. والحب

بين الزواج.. والحب

لماذا الحبّ هو سرِّي وصامت.. وحفل الزفاف علنيّ و"مُطنطن"؟

إننا نحبّ بصمت.. وبالسرّ.. لأن الحبّ الحقيقي هو تجربة إنسانية ذاتية وفطرية تتفاعل من خلال الذات الحقيقية. وهنا تكمن "خطورة" الحبّ على الصعيد الاجتماعي، لأنَّه يُبَدِّي التجربة الذاتية الفطرية، التي لا تخضع لسيطرة أحد، على حساب صيغة العلاقات المتزلِّفة والمحدَّدة سلفًا بقوانين وأعراف اجتماعية. وهذه القوانين "تضبط" و"تُنظِّم" العلاقات بين البشر لتجعلها علاقات اجتماعية "آمنة"، "منظَّمة"، و"غير خطرة". فالمجتمع يَعتبر أن الخطر يكمن في التفرُّد والعفوية، ويَعتبر أيضًا بأن "الأمان" يتطلَّب من أفراده الانصياع، والطاعة.. ومُلازمة "القطيع".

فكلّ شيء للمجتمع، إلاّ الحبّ. لأن الحبّ هو اختبار شخصي وفردي بين الحبيب والحبيبة. ولهذا السبب بقيَ الحبّ صامتًا، سريـًا، ومختبئًا خلف الأضواء. لأن المجتمع والقيِّمين عليه لا يسمحون بالحبّ إلا ضِمن مؤسَّسة الزواج "المقدَّسة". أمَّا المجتمع فقد عمد إلى محاصرة الحبّ، واعتبره مهدِّدًا "للشرف" و"العرض" و"الكرامة" و"السمعة الاجتماعية"...الخ.

لقد جعل المجتمع الحبّ والجنس خارج مؤسَّسة الزواج مرتبطين "بالقذارة" و"بالشيطنة".. ونسيَ الحب، وسمح بالجنس ضِمن مؤسَّسة الزواج "المباركة" من قادة العشيرة.

إنَّ تصنيف المجتمع للجنس الطبيعي المحظور خارج مؤسَّسة الزواج "بالقذارة"، ارتبط بالكلمات البذيئة التي يتناقلها بعض أفراد المجتمعات القديمة والحديثة على السواء.. فأكثر الشتائم، التي تُعتبر ألقابًا اجتماعية قذرة، مرتبطة إلى حدّ بعيد بالأعضاء الجنسية.. والعلاقات الجنسية "المُهينة".. (وهناك أمثلة كثيرة لا نودُّ الخوض في تعدادها).

هذا ما قامت به المجتمعات مع الحبّ والجنس.. فجعلت من مؤسَّسة الزواج مؤسَّسة مبنية على (عَقد نكاح مؤبَّد).

إن الكثير من "عقود النكاح المؤبَّدة" تقوم بين شريكين قد لا يربطهما الحبّ أو المودَّة، ويَفرض عليهما "ممارسة الحبّ بكلّ حرِّية" طوال سنين زواجهما "المبارَك" من قِبَل المجتمع. وفي ملايين الحالات التي نجدها في مجتمعاتنا، يتبيَّن لنا أن العديد من الأزواج والزوجات غير منسجمين إنسانيًّا وعاطفيًّا وفكريًّا وحتى جنسيًّا بعضهم مع بعض، ورغم ذلك فعلاقتهم العاطفية والجنسية المحصورة بينهم هي "مُشرعنة" اجتماعيًا. ولا يهمُّ عدم انسجامهما "كشريكين" لديهما مشاعرهما وأحاسيسهما الإنسانية. المهمّ انسجامهما مع قوانين المجتمع ومصالح القيِّمين عليه.

هذا هو بالضبط (الزواج "البقري".. "النموذجي"): يضع القيِّمون على المزرعة ثوراً "ناضجًا" مع بقرة "ناضجة" في حظيرة واحدة ليتآلفا، ثم يتزوَّجا بكلّ بساطة.. والثور طبعًا يتزوَّج تلك البقرة ليس حبًّا بها، بل لأن القيِّمين على المزرعة "سمحوا" له بالزواج بها. وحين يحاول هذا الثور التزاوج مع بقرة خارج قرار أصحاب المزرعة يُضرب ويُبعد عنها. لأن قانون المَزارع يقول للثور وللبقرة: "يُسمح لكما بالتزاوج في الحظيرة فقط وبعد موافقة المسؤولين عن المزرعة"..

فما أجمل "العلاقات العاطفية" في هذه المزارع!

..

إن المومس "مُحتقَرة" في كلّ المجتمعات، لأنها تمارس الجنس، ليس

بدافع الحبّ، بل من أجل "المال". ولأن المومس لا يربطها مع زبونها الحبّ ولا المودَّة ولا الانسجام، بل تشعر معه بالقرف من نفسها.. ومع ذلك تمارس الجنس معه.

أمَّا المرأة (التي لا تحبّ زوجها وتمارس الجنس معه) فهي "محترَمة" في كلّ المجتمعات، مع أنها تمارِس الجنس ليس بدافع الحبّ، بل من أجل "الواجب" الاجتماعي. والعديد من النساء المتزوِّجات لا يربطهنّ مع أزواجهنّ الحبّ ولا الانسجام، ولا يشعرن معهم بأية أحاسيس، بل يشعرن بالقرف من أنفسهن ومن أزواجهن.. ومع ذلك يمارسن الجنس معهم!

فما الفارق في ممارسة الجنس بين المومس المفرَّغة من مشاعرها تجاه زبونها، وبين المرأة المتزوِّجة المفرَّغة من مشاعرها تجاه زوجها؟ الفرق واحد وهو أن عمل المومس "غير مبارَك" اجتماعيًا.. وعمل هذه الزوجة "مبارَك" اجتماعيًا.

مع احترامنا الكامل للمرأة في كلّ مكان وزمان، نريد أن نوضح أن ما قلناه عن المرأة، ينطبق على الرجل أيضًا .. ونحن لا نحمِّل المرأة فقط هذه المسؤولية، لأن "زبون" المومس هو (مومس) أيضًا .

ومن المنطقي القول إن الجنس من أجل المال، هو جريمة مماثلة لجريمة الجنس "الحلال" المقدَّم من زوجة لا تُحبّ زوجها وتفعل ذلك من أجل الحصول على "هدية"، "مال"، "موقف أكثر مرونة"، أو "تقديم شكر"، أو "من أجل تسهيل تحقيق مطلب تريده الزوجة من زوجها". ..

فالجنس، كنتيجة طبيعية للحبّ، هو (الحلال) الطبيعي بعينه..

والجنس، "المشروع" اجتماعيًا، والخالي من الحبّ، هو (الحرام) الطبيعي بعينه..

فعندما يتزوَّج الرجل بالمرأة..

يبارك الكهنة زواجهما طبق قوانين اجتماعية بناها الإنسان..

أمَّا في حالة الحبّ الطبيعي بين الرجل والمرأة..

يُبارك الله تعالى حبّهما طبق قوانين كونية يحرِّكها الحبّ الكوني، وهي غير خاضعة لقانون المتغيِّرات.

(فالحلال) الطبيعي هو في المباركة الإلهية الكونية، لا في المباركة الاجتماعية التي يصنعها البشر والتي تخضع للتغيُّر الدائم والانقراض.

إن معظم البنات والشباب يحبُّون ويختارون أحباءهم من أعمار قريبة إلى أعمارهم. وهذا شيء طبيعي يحكمه انسجام الأفكار، والأذواق، والأجيال، والسنّ، والمدرسة، والجامعة، والحفلات، والطموحات، والاهتمامات. ومعظم البنات في الجامعات والمدارس يقعن في حُبّ شباب من أعمارهنّ، أو بفارق بسيط نظرًا لوجودهم في الصفوف الدراسية ذاتها أو القريبة منها عمريًا. ومعظم هؤلاء البنات يتزوّجن شبابًا غير زملائهن الذين يحببنهن. لأن الفتاة "تنضج" اجتماعيًا للزواج قبل زميلها الجامعي "غير الناضج" للزواج. فيأتي شخص لا تحبّه مطلقًا لكنَّه "ناضج" اجتماعيًا فتتزوَّجه..

فما أجمل زواجاً كهذا!؟

تُحب زميلها الذي يُحبها..

وتتزوَّج شخصاً قد يُحب الزواج بها ولكنه لا يُحبها..

إنها تُحب شخصًا يحَتلّ كلّ ذرَّة في جسدها وفكرها وروحها..

وتتزوَّج رجلاً لا يَحتلّ أكثر من اسم عائلتها على هويِّتها..

فتسلِّمه جسدها وتُسلِّم صباها، روحها، وحياتها فداءً للتقاليد الاجتماعية..

هكذا يُذبح الحبّ الحقيقي على مذبح "الحلال" الاجتماعي المزيَّف..

..

هناك الكثير، الكثير من "الحالات الزواجية" التي تُشبه السيناريو التالي:

تسعى المرأة دائمًا وراء "ميناء سلام". وتقضي معظم حياتها تبحث عن هذا الميناء. وفي البداية، تحصل عليه من خلال الحبّ.. لكنَّها تشعر بأنَّها غير آمنة اجتماعيًا وتريد أن تصبح أمًّا وتنجب الأولاد.. وهي تعلم أن إنجاب

الأولاد يتطلَّب ممارسة الجنس.. والجنس غير مسموح خارج مؤسَّسة الزواج.. فتطلب من حبيبها أخذ المبادرة والتقدُّم لها.. لكن حبيبها، الذي يُبادلها الحبّ، قد لا يكون حاضرًا لهذه الخطوة وذلك لأسباب اجتماعية، ومالية، وغيرها.. فيقع الخلاف بين قلبها وبين التقاليد الاجتماعية.. فتترك قلبها وحبيبها جانبًا، وتلجأُ إلى "ميناء سلام" مزيَّف هو مؤسَّسة الزواج التي تؤمِّن لها العلاقة "الآمنة".

وبمجرَّد الحصول على "الأمان المعهود".. يتبيَّن لها أن انفصالها عن حبيبها القديم والزواج من شخص أكثر ملاءمة اجتماعية لها، و"تجيير" حبّها القديم له لم يوصلها إلى ميناء السلام، بل على العكس من ذلك، قد يصل بها إلى الانفصال التامّ عن ذاتها الحقيقية.. بحيث تحيا عندئذ كلّ "طقوس" الزواج، وتموت بداخلها المرأة الحقيقية.. فتحلّ مكان الرومانسية.. العلاقة "العاطفية" التجارية، أي "تجارة" الحبّ المشروط الذي يقول: "إذا فعلت ما أُريده منك.. أُحبك، وإذا لم تفعل.. أُخاصمك وأكرهك".

فكما قلنا سابقًا، بأن الحبّ البشري هو حالة انسجام كاملة بين شريكين تخضع للعبة الزمان والمكان، الموت والحياة، وهي عُرضة للزوال أو المرض. فليس من المنطقي الالتزام الاجتماعي: بعلاقة "حبّ نموذجية" لخمسين سنة مقبلة، لأن حالة الانسجام العاطفي بين الشريكين قد تتغيَّر مع الزمن أو مع تغيُّر المعطيات الاجتماعية، الإنسانية، الصحِّية، الاقتصادية، والعاطفية.. بحيث تدوم "الشراكة" رغم تحوُّل الشركاء إلى:

"شركاء" في العلن.. وأعداء في الخفاء.

..

المرأة الطبيعية لا يمكنها ممارسة الجنس إلا إذا بُنيَ على قاعدة عاطفية متينة تمهِّد لقيام العملية الجنسية. وهنا تكمن مسؤوليَّتها في اختيار الشريك المناسب.

أمَّا الجنس عند الرجل (لا ينطبق بالضرورة على جميع الرجال) فمختلِف

من الناحية الطبيعية، فالجنس عنده غير مرتبط بالعاطفة. والرجل (من حيث المبدأ) جاهزٌ دائمًا لقيامه بأيِّ علاقة جنسية دون قيد أو شرط مع أيِّ فتاة قد يصادفها. يقول اللورد بايرون:

"لو كان لجميع نساء العالم فمٌ واحد، لقبَّلته.. واسترحت".

إن هذا القول يمثِّل قلق الذكر الدائم والفطري نحو السعي للحصول على جميع النساء، بغضِّ النظر عن مشاعره العاطفية تجاههم. لكن في حالة الحبّ الحقيقي يتغيَّر الأمر كلِّيًا، إنه يتصرَّف بطريقة مختلفة تمامًا عن طبيعة الذكر البدائي ويتحوَّل إلى إنسان حنون محبّ يحمي حبيبته حتى من بدائيَّته هو، ويصبح هاجسه الأول والأخير إسعادها.. ولا يراها هدفًا جنسيًا.. وقد تصبح في عينه الأنثى الوحيدة على هذا الكوكب.

نقول هذا ليس لأننا نريد تمجيد المرأة، أو الحطّ من قَدْر الرجل، أو بالعكس، وإنما من أجل التذكير بأن المجتمع لا يأخذ الحبّ في الاعتبار لأنَّه يصنِّفه ضِمن الاختبارات الفردية البحتة التي لا تعنيه مطلقًا.. فالمجتمعات بمعظمها ذكورية ولهذا بُنيَت مؤسَّسة الزواج على (نظرة ذكورية بحتة) مبنية على طبيعة (الذكر البدائي) فتسمح للرجل بممارسة الجنس داخل الزواج حتى بغياب الحبّ.. متجاهلة طبيعة المرأة الفطرية المبنية على العاطفة الجنسية.. ويُلزمها بالنشاط الجنسي مع زوجها دون أخذ الحبّ في الاعتبار.

بين الطبيعة.. والمجتمع/ رسائل غير "نموذجية"/ إلى "الرجل النموذجي"

رسائل غير "نموذجية"

إلى "الرجل النموذجي"

زميلي الرجل "النموذجي"..

حبُّك للمرأة ليس رغبتك فيها..

فقدِّم حبَّك قربانًا للمرأة ولا تقدِّم المرأة قربانًا لرغباتك..

لقد علَّموك أن الرجل يُبكي ولا يَبكي..

وأن دموعك وُضعت في عينيك نتيجة "خطأ جيني"..

وأن البكاء من فعل النساء..

والأحاسيس والمشاعر ضَعف..

وعلَّموك أن الرجولة تقضي بأن تستعمِر قلبك، بعقلك..

وأنك رجل "عقلاني"، لا يستمع إلى قلبه، لأن القلب هو "للنساء

فقط "..

..

وعلَّموك أن حياتك هي مجرَّد رحلة "لصيد النساء"..

وأن تصطاد المرأة بلا سعادة، ولا تصطاد السعادة مع المرأة..

وقدموا لك قناعك "النموذجي" المزيَّف من ضِمن عدَّة الصيد..

وأخبروك بأن النساء "طرائد" جاهزة لك..

وبأنهن مجرَّد أرقام تُضاف على قائمة ضحايا مجازرك العاطفية..

..

وعلَّموك أن قناعك الاجتماعي "النموذجي" هو الذي يمثِّلك في الحبّ..

فتبقى حبيبتك معك إلى أن "تتعرَّف" إلى حقيقتك "النموذجية"..

وبعدها "تخونك" حبيبتك مع قناعك..

لأنك جعلتها تحبّ قناعك، وتكرهك أنت..

ولأن قناعك كان دائم الحضور معها، وأنت الغائب الوحيد..

..

فلم يُذكِّروك يومًا بأن الإكثار من علاقاتك العابرة مع النساء..

لن يحل مشاكل علاقتك العابرة مع ذاتك..

و"نسوا" أن يخبروك أخبار التطوُّر العظيم الذي حقَّقته المرأة في هذا العصر..

فما زلت تجهل تمامًا أن المرأة لم تعد، كما في السابق، محدودة بآلة للمتعة..

ولم تعد شيئاً تمتلكه، وخادمة لمنزلك، ومربية لأولادك فقط..

وما زلت تجهل بأن عصر الجواري انقرض إلى غير رجعة..

وبأن المرأة هي إنسان كونيّ مثلك، وتستحقُّ منك الشراكة المتوازنة..

وبأن امتلاك السيَّارات، والثياب، والأموال، والسلطة، والعلاقات، والثروات.. لن يعوِّض عليك إفلاسك الداخلي.

وبأن رجولتك لا تُقاس برصيد حسابك المصرفي..

و"نسوا" أن يُخبروك بأنك مزيج من قطبي الذكر والأنثى الموجودين بداخلك بشكل نسبيّ..

وبأن 47 % من بدايتك الولادية أُنثوية وبأن 53 % فقط ذكورية..

وبأنك تعيش "ذكرًا نموذجيًا" بـ(نصفك الذكري) فقط..

وتُبقي (نصفك الأنثوي) ميتًا..

وتجهل أنك بإنكارك لأحد هذين القطبين فيك..

تُنكر الإنسان الكامل الذي بداخلك.

بين الطبيعة.. والمجتمع/ رسائل غير "نموذجية"/ إلى "المرأة النموذجية"

رسائل غير "نموذجية"

إلى "المرأة النموذجية"

عزيزتي المرأة "النموذجية"..
لقد علَّموك منذ آلاف السنين كيف تكونين لعبةَ "الرجل النموذجي"..
وكيف تُعقِّدين حياتك بنفسك إرضاءً "لعقَده النموذجية"..
وكيف تُزوِّرين هويَّتك، كإنسان، مراعاةً "للموضة النموذجية"..
وكيف تتلوَّنين بلون شعرك، عينيك، شفتيك، وببشرتك..
وكيف تنتحلين شخصية غير شخصيَّتك..
وعمرًا غير عمرك.. وضحكةً، ومشيةً غير ضحكتك ومشيتك..
وكيف تتخلَّصين من عفويَّتك دون رحمة..
..
علَّموك أن تَرفضي أُنوثتك، لتتشبَّهي بـ"الرجل النموذجي"..
وعلَّموك أن متطلِّبات هذا "العصر النموذجي" تتطلَّب من "الأنوثة النموذجية" أن تتحوَّل إلى "ذكورية نموذجية"..
وعلَّموك بأن الرجل هو وسيط للإنجاب فقط..

وهدف لـ"زواج نموذجي آمِن"..

وأنه مجرَّد آلة لتفقيس الأولاد، والمال..

و"شيء" تمتلكينه..

وسائق مطيع، وعامل صيانة داخل المنزل، وحارس شخصي لكِ..

..

و"نسوا" أن يخبروك بأنكِ مسجونة ضِمن معادلة أُعدَّت لك بإتقان من خلال لعبة "العرض والطلب النموذجية" وهذه المعادلة هي:

"نعم للجمال.. ولا للذكاء".

ولم يخبروك بأن حياتك لا تقتصر على "الأمومة" فقط لا غير..

وأجبروك أن تبني كلّ "حياتك النموذجية" على مفهوم أحادي البعد، وهو "التناسل النموذجي"، أي مفهوم الأمومة فقط..

ولهذا ما زلتِ تُضيِّعين القسم الأول من حياتك وأنت تستعدِّين وتَسعين لكي تصبحي "أمًّا نموذجية"..

وتُضيِّعين القسم الآخر من حياتك مرهقة من "تبِعات الأم النموذجية"..

ولم يخبروك بأنك إنسان "غير نموذجي" قبل أن تكوني مجرَّد أُمّ "نموذجية"..

أو مجرَّد أُخت.. أو ابنة.. أو جدَّة "نموذجية"..

ولم يخبروك بأنك لست لأولادك فقط..

ولا لزوجك فقط..

ولا لأهلك أو لأحفادك فقط..

ولا لالتزاماتك، التي لا تنتهي، فقط..

ولا لكلّ هؤلاء مجتمعين فقط..

..

وعلَّموك بأن حياتك مبنية على جمالك وصباك، وكفى..

فهذا هو "النموذج" المطلوب منكِ، لا أكثر ولا أقلّ..

تقضين حياتكِ تهتمّين ببشرتك، بملابسك، بوزنك، وبشكلك..
ناسيةً الاهتمام بذاتك الحقيقية..
وحين تكبرين.. تقضين حياتك في مقاومة الزمن الذي يهدُّ صروح جمالك، ناسية أيضًا ذاتك الحقيقية..

..

لم يُخبرك أحد بأنك، بكلٍّ بساطة، في الحياة..
ولست في حفلات يومية لعرض الأزياء..
وبأنك لستِ في معارك "تنافسية نموذجية"، لا تنتهي، مع الأخريات..
لذلك تحاولين دائمًا أن تكوني الأجمل، وتنسين أن تكوني الأسعد..
وتَسعين دائمًا أن تكوني "الأكثر غموضًا"..
وتنسين أن تكوني الأكثر بساطة وشفافية..

..

لقد أخبروك بأن التغيير هو في عمليّات التجميل، وبأن التغيير "النموذجي" هو في شفاهٍ.. وأنفٍ.. وشكلٍ.. "حسب الطلب" لا في تطوير نظرتك إلى نفسك..

..

لذلك ما زلت تجهلين بأنك لست منتجًا صناعيًا يَصنع نفسه "حسب الطلب"..
ولا تعرفين بأن المبالغة بتجمُّلك من الخارج هي بمثابة "جائزة ترضية نموذجية" لنفسك عن عدم الرضى الداخلي الذي يجتاحك.

بين الطبيعة.. والمجتمع/ رسائل غير "نموذجية"/ إلى المرأة

رسائل غير "نموذجية"

إلى المرأة

لنختم هذا الموضوع بهذه الرسالة الموجَّهة إلى كلّ امرأة أتعبتها "العلاقات النموذجية" :

عزيزتي المرأة..

تحرَّري من جحيم لعبة "المرأة النموذجية"..

أحبِّي الرجال..

لكن تحرَّري من "عقَدهم البدائية النموذجية"..

تحرَّري مما يُريدونه منك..

أنتِ تريدين منهم حبًّا صادقًا، و(شراكة في الحياة)..

و"النموذجيون" لا يريدون منك إلا (شراكة في الفِراش)..

أنتِ تريدين أن تكوني طبيعية، أن تتصرَّفي بعفوية..

تريدين أن تتثقَّفي وتتعلَّمي وتتطوَّري، وأن تكوني بسيطة، وسعيدة..

و"النموذجيون" يريدونك "مثيرة" وحسب..

معظمهم لا يهمُّه ذكاؤك، ثقافتك، براءتك، أو عفويَّتك، بل شكلك..

مع أن ذكاءك، ثقافتك، براءتك، عفويَّتك، عاطفتك، صدقك، إبداعك، وعِلمك تجسِّد حقيقتك..

و"النموذجيون" لا تهمُّهم حقيقتك، بل "جمالك"..

مع أن جمالك هو جزء من حقيقتك..

وليست حقيقتك جزءاً من جمالك..

..

تحرَّري مما يطلبونه منك..

لا تكوني امرأة لهم..

كوني امرأة لنفسك..

..

الحياة ليست سوقًا استهلاكية للشراء والبيع، أو للعرض والطلب..

لا تعرضي ما يُطلب منك..

لا تكوني ما يتوقَّعونه منك..

تحرَّري من كونك امرأة كما يريدها "النموذجيون"..

..

أنتِ، بطبيعتك، أفضل من "الرجل النموذجي"..

أنتِ تَطلبين من الرجل (من نصفك الآخر) أن يكون شخصًا مسؤولاً، قادرًا، مبادرًا، ناجحًا، قويًا، محبًّا، عطوفًا، متفهِّمًا..

و"الرجل النموذجي" يطلب منك (من نصفه الآخر) أن تكوني "امرأةً جميلةً" فقط لا غير..!

أنتِ أكبر من كونك "ملكة جمال العالم"..

أو "عارضة أزياء" تسير على حلبة عالمية..

أنتِ إنسان كوني.. حتى قبل أن تكوني امرأة..

..

إذا اختار قلبك رجلاً لا يستحقُّ حبَّك..

لا تنفصلي عن قلبك.. ولا عن ذاتك..
انفصلي عن ذاك الرجل الذي لا يستحقُّ حبك له، لا عن نفسك..
فالمشكلة ليست فيكِ.. بل في علاقتك بالشخص غير المناسب..
لا تُفاقمي المشكلة بانفصالك عن أحاسيسك ومشاعرك..
هذه مشاعرك أنتِ.. لك أنتِ.. وليست له..
لا تُعاديها.. لا تُنكريها..
تقبَّليها.. اختبريها.. عيشيها.. تعلَّمي منها..
حتىَّ لو كانت مؤلمة لك..
إنها بالنهاية أحاسيسك أنتِ.. وتجربتك أنتِ..
..
وإذا عذَّبك حبّ رجل ما..
لا لزوم لتُعادي الرجال بتخلِّيك عن المرأة التي بداخلك..
فبذلك تتحوَّلين إلى من تعادينه.. تتحوَّلين إلى "رجل"..
وأنتِ لستِ برجل..
حافظي على كلّ ما هو طبيعي فيك..
وابقي امرأة..
..
إن ذاتك هي وطنك الحقيقي..
لا تُهاجري وتتركي وطنك..
ذاتك هي منزلك..
أنتِ وحدك من يتحمَّل مسؤولية حمايته..
لا تُحمِّلي مسؤولية حياتك لأحد غيرك..
أنتِ المصنع الوحيد لمشاكلك في الحياة..
ومصنعك أنتِ هو من يُنتِج الحلول لمشاكلك..

الذات "النموذجية" المزيَّفة

حَرِّر ذاتَك.. مِنكَ

الذات "النموذجية " المزيَّفة

تعريف

"هم حاضرون عندي، وأنا غائب عن ذاتي"..

يوهمنا عقلنا المشروط بأن حقيقة (من نحن) نجدها في عالمنا الخارجي. من خلال اسمنا، هويَّتنا الشخصية، انتمائنا العائلي، انتمائنا الديني، عقيدتنا السياسية، مركزنا الاجتماعي، شهاداتنا، عملنا، ممتلكاتنا، سمعتنا الاجتماعية...الخ

إن العديد من الناس يشعرون بعدم الاكتفاء، و(بنقص ما) يطغى على حياتهم. مع العلم أننا نعيش في أكثر مرحله تطورًا في تاريخ البشرية. إننا نعيش عصر "تحقيق الرغبات" ونعيش "الجنة" التي وعَدَنا بها الكهنة الأقدمون.

كان الناس منذ قرون معدودة يعيشون من 60 إلى 90 سنة، أمَّا نحن، وعلى وقع سرعة الأحداث التي نختبرها في هذا العصر، نعيش أكثر من 600 سنة في عمر واحد مقارنة بالأحداث والاختبارات التي عاشها أجدادنا منذ قرون. فجلسة ليلة واحدة أمام التلفاز قد توازي سنة من الاختبارات التي كانت تمرُّ على أجدادنا في الماضي البعيد، وأصبحنا قادرين على معرفة أيِّ معلومة نريدها بلحظة من خلال الإنترنت، ونتواصل مع كلّ العالم من خلال الهاتف، ونذهب إلى أقاصي الأرض بيوم واحد، ونأكل ما لذ وطاب. وهناك تطور عظيم في الطبّ، وأصبحت الجراحة تفعل العجائب. ونجحنا في السيطرة على الطبيعة، وباقي المخلوقات..

ومع ذلك، إننا نشعر بعدم الرضى، وعدم الاكتفاء يرافقنا أينما كنَّا وفي كلّ وقت. ونسبة الانتحار ازدادت بشكل لا يقبل الجدل. وحالات السوداوية العيادية سجلت أكثر من عشرة أضعاف عما كانت عليه النسبة خلال الحرب العالمية الثانية.

إن الذات المزيَّفة هي مصدر عدم الارتياح والقلق والمعاناة في حياتنا. لأننا مبهورون ومشغولون دائمًا بأُمور علينا أن نقوم بها، وفي معظم الأحيان لا نحبّها أو لا نريد القيام بها. فنكره ما نفعله، ونفعل ما نكرهه.. وهذا سبب كافٍ جدًا لحدوث انفصام داخلي بين ما نريده نحن وما يريده منَّا الآخرون..

"**يجب**"، و"**ينبغي**"، و"**من المفروض**": ثلاث كلمات نجترُّها على الدوام. في العمل، وفي المنزل، وحتى في أيَّام العطَل، يبقى هذا المثلَّث المقلِق يُلاحقنا دون توقُّف. فحتى "أوقات الفراغ" لا تكون فارغة من الواجبات والالتزامات التي تلاحقنا باستمرار.

"يجب" عليَّ أن أنام الآن.. مع أني لا أشعر بالنعاس..

"من المفروض" أن آكل في هذا الوقت.. مع أنني لست جائعًا..

"ينبغي" لي الزواج بفلان.. مع أنني لا أُحبه..

أشعر بالجوع المفرط.. لكن "من المفروض" أن لا أُشارك جاري في الأكل حتى لا أتعرَّض للانتقاد..

أُحبّ فلاناً.. لكنني لا أستطيع الزواج به، لأنَّه "من المفروض" أن أتزوَّج شخصاً "يناسبني اجتماعيًا" أكثر..

"يجب" علي أن أُوزِّع الابتِسامات يمينًا ويسارًا.. مع أني لست مرتاحًا..

أنا مسرور جدًا الآن.. لكن "من المفروض" أن أتظاهر بالحزن حين تبدأ مراسم الجنازة..

"ينبغي" لي أن أزور فلاناً.. مع أني لا أستلطفه..

"من المفروض" الآن أن أُصفِّق.. مع أن الكلام الذي صدر لا يتناسب مع مبادئي..

أنا تَعِب جدًا.. لكن "ينبغي" أن أذهب إلى العمل لأن المدير لن يتقبَّل غيابي..

..

إننا مُتخَمون بالالتزامات إلى درجة قد توصلنا إلى الجنون في أيِّ وقت. وهذه الالتزامات هي من الأسباب التي تجعلنا نعيش حياة نلـبِّي فيها ما فُرِض علينا عمله، برِضانا طبعًا، وننسى أن هناك عالماً أكبر وأرحب من عالمنا الخارجي الصاخب بالواجبات، وهذا العالم هو عالمنا الداخلي. فكما هناك كون خارجنا، هنالك كون داخلنا لا نزوره إلَّا ما ندر، نظرًا لانشغالنا الدائم وانبهارنا بضجيج العالم الخارجي، لدرجة أننا لا ننتبه لسكون هذا العالم الداخلي.

إن إحدى المعادلات الاجتماعية الظَّالمة للذات الحقيقية هي التي تعتبر بأن الأب أو الأم (هما) "ملك" لأولادهما. يقول جبران خليل جبران: "أولادكم ليسوا لكم.. أولادكم أبناء الحياة.." وهذا قول صحيح جدًا.. كذلك يمكننا القول للآباء وللأُمَّهات: "أنتم لستم مُلكًا لأبنائكم وبناتكم لأنكم أنتم أيضًا أبناء الحياة". (أي أبناء حياتكم الفردية الحقيقية التي، طبعًا، أولادكم يشكِّلون جزءًا مهمًّا منها ولكن ليس كلّها).

وهذه المعادلة تطبَّق أيضًا على العمل، إن كان داخل المنزل أو خارجه، فالإنسان ليس "مُلكًا" لعمله، وعندما يتماهى الإنسان مع عمله بشكل كبير بحيث يجعل من عمله "الكلّ بالكلّ"، يقضي عمله على حياته بِرمَّتها، حتى لو بقيَ هذا الإنسان على قيد الحياة.

يذكِّرني هذا الموضوع بما قاله رجل عجوز عند كتابته لمذكِّراته:

- متُّ ألف مَوتة حتى تخرَّجت من المدرسة..
- ومتُّ ألف مَوتة حتى تخرَّجت من الجامعة..
- ومتُّ ألف مَوتة حتى أصبحنا أنا وزوجتي تحت سقف واحد..

- ومتُّ ألف مَوتة حتى أصبح لدينا أولادٌ.. وحتى نجحت في بناء ثروة.. وحتى.. الخ
- وعندما أصبحت، كما أنا الآن، كهلاً يُحاصرني الموت، تذكَّرت أنِّي.. خلال كلّ هذا العمر المديد...

.. نسيتُ أن أعيش!

الذات "النموذجية " المزيَّفة/ إلى العامل النموذجي

إلى العامل "النموذجي"

... تستيقظ منهكًا على رنين المنبِّه..
فتنهض شبه ميْت..
لاستقبال الحياة في يوم رتيب آخر..
تحضِّر نفسك للعمل..
وتخرج من منزلك نصف حيّ..
تصل إلى عملك في الوقت المحدَّد..
فتعمل طوال النهار..
وتُستهلك طوال النهار..
ويتركك عملك..
فتعود إلى البيت، نصف ميت..
وتنام متعَبًا..
..
لتستيقظ منهكًا على رنين المنبِّه..
فتنهض شبه ميت..
لاستقبال الحياة في يوم رتيب آخر..
تحضِّر نفسك للعمل..

111

وتخرج من منزلك نصف حيّ..
وهكذا دواليك....

..

وكلما سعيْت إلى تجميع المال..
سعى المال إلى تشتيتك..

..

إذا كانت هذه حياتك..
فما "أجملها"..
"حياة" مستلبة منها الحياة!..
وما "أروعها"..
غربة عن الذات!

الذات "النموذجية " المزيَّفة/
حاملات الإعلانات

حاملات الإعلانات

يُشبه "الفرد النموذجي" في المجتمعات، القديمة والحديثة على السواء، "حاملة الإعلانات". فحاملة الإعلانات تبقى كما هي "صامدةً" بوجه الرياح والمطر والشمس، راضيةً وغير معترضة على شيء..

وحاملة الإعلانات تحمل الملصقات الإعلانية التي أُلصقت عليها دون أخذ رأيها طبعًا.. وتبقى "حاملة نموذجية" لهذه الملصقات طالما لم يلصق أحد عليها ملصقات جديدة تحلُّ مكان القديمة. وطبعًا، "تتحمَّلها" هذه الحاملة دون تردُّد أو وجل. وتبقى فخورةً بمهمَّتها الأساسية ألا وهي: "أن تبقى حاملة إعلانات نموذجية"، تحمل الملصقات ليل نهار دون كلل أو ملل..

فليس المهمّ عندها ما كُتب على الملصقات، وليس المهمّ أن تكون الملصقات تُناسبها أم لا، إنما المهمّ هو أن تحمل ما يُطلب منها بكلِّ فخر. لأنها إذا رَفضت ما أُلصق عليها، ونزَعتها عنها فلن تبقى لحظة واحدة في "وظيفتها" التي وُجدت من أجلها.

وينطبق الأمر أيضًا على "الفرد الاجتماعي النموذجي".. إنه يقبل كلّ ما "يُلصق عليه" من عقائد، زعماء، قيَم، عداوات، تحالفات، تقاليد، أعراف،

113

وشعارات دون تدخُّل منه بما "يُلصق" عليه.. المهمّ عنده هو أن يُثبت للجميع أنه "حامل شعارات" جيِّد، ومحافظ على "الأمانة الغالية" التي أوكلوه بها.

فهذا هو المهمّ عند المحيطين "بالفرد النموذجي": "أن يرفع رايتهم"، لا أن يطوِّر ذاته أو أن يُبدع، لأنَّه إذا تحرَّر من ذاته الاجتماعية المزيَّفة وتبع ذاته الحقيقية، فسوف يرفع رايته الخاصَّة به، لا رايات القيِّمين على مجتمعه. وهذا قد يشكِّل خطرًا كبيرًا عليهم، وبالتالي على "وظيفته" وهويَّته الاجتماعية.

الذات "النموذجية " المزيَّفة/ المهرج

المهرّج

يقوم المهرِّج بتغيير ملامحه بشكل يتناسب مع الدور الذي يقوم به ليتقبَّله الجمهور. فيرسم على وجهه ابتسامة المهرِّج المعهودة، ويضع على أنفة كرةً حمراء ظريفة، ويلبس ثيابًا هزلية تتناسب مع وظيفته وهي إضحاك الجمهور.

ولكي يبقى المهرِّج "مهرِّجًا" ناجحًا، عليه أن يزيد من إرضاء الجمهور وإضحاكهم أكثر. فكلما تجاوب الجمهور معه، أحسَّ أكثر فأكثر بدوره وعاش حقيقته التي ترضي الجمهور.

لكن إذا تصرَّف المهرِّج (كما يريد هو) لا (كما يريده الجمهور)، فلن يبقى مهرِّجًا، وقد يخسر شهرته وبالتالي مهنته. لذلك يتصرَّف على قاعدة إرضاء الجمهور أولاً وأخيرًا.

حتى لو كان المهرِّج حزينًا، أو يعيش حياةً بائِسة، يبقى محافظًا على ابتسامته المعهودة - طبعًا لأنها مرسومة على وجهه- مهما حصل له من كوارث، يبقى حاملاً للابتسامة نفسها.

وطبعًا، لا ابتسامة المهرِّج المعهودة هي ابتسامته.. ولا أنفه أنفه.. ولا ملامحه تعبِّر عن ملامحه الحقيقية.. لأن وظيفته هي تزييف شخصيَّته الحقيقية في سبيل أن يكون "مقبولاً" من الجمهور.

تُشبه ذاتنا المزيَّفة دور المهرِّج الاجتماعي الذي يقضي حياته متابعًا آراء الناس به، ومدى قبولهم لتماثله مع ما يتوقَّعونه منه.

الذات "النموذجية " المزيَّفة/ التماهي

التماهي

تعريف

التماهي أو إلــ (Co-dependence) هو أحد أهمِّ الأمراض النفسية التي تؤدِّي إلى هدر وتجاهل الذات الحقيقية. والمسبِّب الأساس للتماهي هو المبالغة في التركيز على حاجات الآخرين أو تصرُّفاتهم أو على قضايا ومسائل خارجة عنا لدرجة تُنسينا ذاتنا الحقيقية. وتجعلنا نكرِّس حياتنا لأشياء أو أشخاص يشكِّلون أهمِّية خاصَّة لنا.

وتقول (Shaef) في كتابها (التماهي): "إن التماهي يؤدِّي إلى الانسحاب التدريجي من الحياة" .

يعرِّف عالم النفس الدكتور تشارلز ويتفيلد[*] التماهي بأنه اعتماد مُبالغ فيه على شخص آخَر في ما يتعلَّق بالتصرُّفات والمعتقدات والمشاعر، الأمر الذي يجعل الحياة مؤلمة..

إن التماهي هو الذوبان في الآخرين أو في الظُّروف أو الأشياء الخارجة

---

[*] د. تشارلز ويتفيلد، أنقذوا الطفل في داخلكم، ص: 66.

عن الذات بحيث يترافق مع تجاهل الذات (الذات الحقيقية) إلى حدٍّ ألّا يمتلك هذا الشخص إلّا القليل من الهويَّة الشخصية.

والتماهي هو المرض أو سوء التكيُّف أو السلوك المضطرب الذي سببه العيش مع شخص يعاني اضطراباً في الشخصية أو غير ذلك أو العمل معه أو القرب منه.. والتماهي هو أُسلوب سلوكي عاطفي نفسي يطوِّره الإنسان لمواجهة ظروف معيَّنة. وهو يَظهر ويَتطوَّر كنتيجة للتعرُّض الطويل الأمد لقواعد ظالمة وتطبيقها.. قواعد تمنعنا من التعبير الحرّ عن مشاعرنا، وتمنعنا أيضًا من مناقشة مشاكلنا الشخصية الاجتماعية.

يَنشأُ التماهي عن قمع مشاعرنا وردود أفعالنا وملاحظاتنا... ولأننا نركِّز كثيرًا على حاجات الآخرين، نبدأُ بإهمال حاجاتنا الخاصَّة وفيما نقوم بذلك تجدنا نقمع الطفل الداخلي.

ولكنّنا نظلّ نمتلك المشاعر، مشاعر الأذى غالبًا.. وبما أننا نتابع حشو أنفسنا بالمشاعر المؤذية نفقد شيئًا فشيئًا القدرة على الإحساس بردٍّ فعل تجاه الألم العاطفي، وغالبًا ما نصبح فاقدي الإحساس ونُصاب بالخدر النفسي.

الذات "النموذجية " المزيَّفة/ التماهي/ التماهي مع الآخرين

التماهي

التماهي مع الآخرين

يتقمَّص الإنسان شخصية مزيَّفة تتميَّز بعمل أيِّ شيء يُرضي الآخرين وتكون قرارات هذه الشخصية قرارات انفعالية وليست فعلية. أي تكون مرتبطة بما يرضي الآخرين وما يريدونه هم، لا ما يريده هو.

فأحيانًا يلعب دور الشخصية اللطيفة، خفيفة الظِّل، المرحة، المتواضعة، المرتَّبة، المنظَّمة حسب معايير الآخرين لإرضائهم على حساب ذاته الحقيقية. ويلعب أحيانًا، دور الشخصية الخدوم، الكريمة، الدموية، والعنيفة.. بحسب الدور الذي يُطلب منه من قِبَل الآخرين، وطبعًا، على حساب ذاته الحقيقية.

لذلك، فإن صاحب هذه الشخصية لا يعبِّر عن أيِّ شعور بالامتعاض، أو الغضب، أو الرفض من أسياده.. ولا يبدي أيّ رأي يخالف رأي جماعته (أكانت هذه الجماعة عائلته، أصدقاءه، طائفته، أو مجتمعه). وصاحب هذه الشخصية "مطيع" جدًّا، يقول "نعم" للآخرين، أمَّا كلمة "لا" فهي مخصصة لذاته الحقيقية فقط.

وذاته الحقيقية تقول له باستمرار:

"(أنا) لست ما "تظنُّه" (أنت)..
ما "تظنُّه" (أنت) هو ذاتك المزيَّفة..
و(أنا) ذاتك الحقيقية التي غُلِّفت بقناعك..
قناعك الذي "تظنُّه" الآن "وجهك الحقيقي" لكثرة استعمالك له..
أو بالأحرى لكثرة "استعماله" لك..
لقد استباحك قناعك، فنسيتني.. نسيت ذاتك..
أنا لا أُشبه قناعك الذي أُجبرت على الاختباء خلفه..
وإن ما تلبسه خوفًا من انتقادات الآخرين ما هو إلَّا زيفك..
لذلك جاهرت بزيفك وأخفيت حقيقتك..

إن السبب الأساس للتماهي مع الآخرين وكسب رضاهم هو (الخوف من النبذ). وهذا الخوف يُعتبر من أوائل المخاوف لدى الإنسان (الخوف من الترك والنبذ). ينشأُ هذا الخوف لحظة ولادة الطفل. فالمولود يشعر بأنه طُرد من الرحم، من المكان الآمن الذي كان يؤمِّن له كلّ سبل الراحة والمأكل والمشرب والأوكسجين والدفء والرعاية، ويخاف أن يتعرَّض في وضعه الجديد، بعد الولادة، إلى "الطرد" مجددًا من رحم الحياة، أي الموت. فلهذا يشعر بالخوف مِن النبذ، أي مِن فقدان رعاية أُمِّه التي تشكِّل له في البداية البديل الوحيد للرحم الذي "طُرد منه"، والذي يؤمِّن له المحافظة على حياته الجديدة في رحم الطبيعة.

الذات "النموذجية" المزيَّفة/ التماهي/ التماهي مع الكمال

التماهي

التماهي مع الكمال

إن المتماهي مع (الكمال) (The Perfectionist) هو شخصية مزيَّفة تسعى للوصول إلى الكمال في كلّ شيء. تحمل هذه الشخصية صفة عدم الرضا الدائم، وتتعرَّض خلال حياتها لشتَّى أنواع الإحباطات والصراعات أكانت مع ذاتها، مع الآخرين، أو مع الحياة بشكل عام.

وتتميَّز هذه الشخصية أيضًا (بالإفراط في النقد)(*) (Scepticism) والإفراط في النقد هو توقُّع غير موضوعي للحياة، التي تسودها التناقضات والتسويات والمفاجآت. ويُعتبر كنتيجة للتعلُّق بالكمال. والتعلُّق بالكمال هو مِن أهمِّ مسبِّبات العدوانية ضدَّ الذات وضدَّ العالم المحيط.

فالمتماهي مع الكمال الذي لا يعجبه أيُّ شيء، يُوجِّه انتقاداته في كلّ الجهات ولا يُعجبه العجب.. ويشعر بنقص شديد، وفوضى حادَّة في عالَمه

(*) راجع باب "الإفراط في النقد" في كتاب من مسيَّر إلى مخيَّر، دار بيسان، للمؤلف.

الداخلي، فيهرب منها لانتقاد كلّ شيء في الخارج يعتبره "غير منظَّم" أو "غير مرتَّب" كما يجب. إنه إنسان يلهث وراء الكمال في الخارج لدرجة كافيَة لأن ينسى ذاته في الداخل. وهو صاحب مقولة :

"إمَّا كلّ شيء.. وإما لا شيء".

الذات "النموذجية" المزيَّفة/ التماهي/
التماهي مع العادات

التماهي

التماهي مع العادات

كلّ عاداتنا قد تتحوَّل عند تماهينا معها إلى سجون لنا..

وسجن العادات هو من أخطر السجون..

لأنها تُقيِّدنا من الداخل وليس من الخارج..

وهذا هو خطرها..

ولأنها لطيفة، كما كلّ شيء في الداخل، لا نرى قضبانها..

وبهذه الطريقة "الناعمة" تستعبدنا عاداتنا..

فنصبح أسراها، دون أن نراها..

..

والتماهي مع العادات يقضي على الإبداع فينا..

لأن الإبداع ينبع من التحرُّر الداخلي..

وليس من التبعية "لنماذج" التصرُّف..

إنها تجعلنا ندور في فلكها طوال الوقت..

فتحرمنا السفر في أفلاكنا..

واستكشاف عالمنا الواسع..

فتتحوَّل عاداتنا إلى جزء مِنَّا..

لتصل إلى درجة نصبح نحن جزءاً منها..

وهكذا تحرمنا عاداتنا من إمكانية الإبداع..

..

والعادات أنواع وبدع ومنها :

عادات العداوات.. والتحالفات..

وعادات التصنيفات.. والمعتقدات..

وعادات التفكير.. والتكفير..

وعادات الانتماءات.. والتصفيق للزعامات..

..

في العادات نجترُّ ما أدركناه سابقًا بشكل متكرِّر ودائم..

دون أيّ تدخُّل نقدي مِنَّا..

تُشبه العادات دخولنا إلى مدينة ملاهي بهدف المتعة..

فنشترك بلعبة طلبًا للإثارة..

وبعد أن ندور فيها حتى يصيبنا الدوار..

نخرج منها محكومين بالدوار المؤقَّت..

لنعود وندخل في لعبة جديدة طلبًا لحالة دوار جديدة..

ومن يحكمه الدوار هو كمن تحكمه المسكِّنات..

يُصاب بخدر فكري ويصبح غير حاضر..

وهذا ما يريحه من المطالبات الدائمة من ذاته الحقيقية..

لأن الذات المزيَّفة تأخذ مكان الذات الحقيقية في حالة الخدر..

والعادات تُعطينا شعورًا "آمنًا"..

لأننا نقوم بنشاط "نعرفه" جيدًا..

ونعرف نتائجه "الآمنة" جيدًا..

123

..

والعادات كالإدمانات..

لها مفعول مؤقَّت..

يزداد تورُّطنا فيها كلَّما تعاطيناها..

فتطالبنا بالمزيد من التورُّط..

وبتقديم التنازلات من رصيد حقيقتنا وحريَّتنا..

لنصل إلى مرحلة الإفلاس والعبودية لعاداتنا..

فتموت حريَّتنا.. لترثها عاداتنا..

..

وكأنَّنا في زنزانة العادات..

وعالَمنا في الزنزانة محدود بما نعرفه..

طعامنا مؤمَّن.. شرابنا مؤمَّن.. عاداتنا متوافرة..

عداواتنا وتحالفاتنا المعتادة متوافرة..

أحقادنا وصداقاتنا متوافرة..

فلا لزوم للنضال من أجل لقمة العيش..

فنخضع لمن هم أقوى مِنَّا..

ونسيطر على مَن هُم أضعف مِنَّا..

والزنزانات هي الأكثر أمنًا لمن يسعى "للأمان"..

والخطر هو في التحرُّر من زنزاناتنا والخروج منها إلى الحياة..

إلى الحياة الحقيقية، غير المتوقَّعة..

حيث يُسيطر الخطر على "الأمان"..

وتُسيطر الحرِّية على "التبعية"..

ويُسيطر المجهول على "المعلوم"..

فالخطر، والحرِّية، والمجهول.. حالات غير "مريحة"..

والمسؤولية غير "مريحة"..

والمغامرة غير "مريحة"..

لكن اجترار الأشياء "الآمنة" والاختبارات "الآمنة" هو "المريح" فقط..

والأشياء "الآمنة" المعلومة و"المضبوطة" هي داخل الزنزانة فقط..

أمَّا خارجها، فهناك الحرِّية..

فعادة البقاء داخل سجن العادات سببها: "الخوف من الحرِّية".

الذات "النموذجية " المزيَّفة/ التماهي/ التماهي مع الألم

التماهي

التماهي مع الألم

تَعتبر هذه الشخصية أن أفضل طريقة للحصول على الأمان وتحقيق ما تُريده من المجتمع، هو التماهي مع المشاكل والأمراض.. من خلال الظُّهور بمظهر الضعيف الذي يحتاج إلى العطف والرعاية والحماية. تشبه هذه الشخصية نموذج المتسوِّل. فالمتسوِّل يَستغلّ ألمه، نقاط الضعف التي لديه، الظُّروف الصعبة التي يَمرّ بها، وضعه المأسوي، مرضه، إعاقته، أو مشاكله.. في سبيل الحصول على "الأمان" وتحقيق أهدافه من خلال تعاطف الآخرين ودعمهم له. تقوم هذه الشخصية بإبراز مشاكلها ومضاعفتها بشكل لافت للانتباه وتأمين الرعاية لها.

قد نعتبر بعيدين كلّ البعد عن شخصية المتماهي مع الألم لكنَّنا، ودون أن نعي ذلك، قد نتماهى مع مشاكلنا وأزماتنا، لتصبح هذه الأزمات "نحن".. فنبني بذلك شخصية مزيَّفة متماهية مع أمراضها النفسية، الاجتماعية، والصحِّية، لدرجة تجعلنا لا نعترف بذاتنا الحقيقية التي يتجاوز حضورها كلّ الأزمات والتجارب السلبية والصعوبات التي قد نواجهها.

الذات "النموذجية " المزيَّفة/ التماهي/
إلى المتماهي مع رأسه

التماهي

إلى المتماهي مع رأسه

عقلك كجهاز كمبيوتر متطوِّر جدًا..
استخدمه حين تحتاج إليه..
لا تدعه يستخدمك..
لقد أصبحت أسير رأسك..
بل أصبحت رأسك..
بل نصف رأسك..
وأصبح رأسك بنصف دماغ..
لقد اختصرت دماغك البشري الرائع إلى النصف..
واستوطنتَ شطره الشمالي فقط..
وهاجرتَ من شطره الأيمن إلى الأبد..
..
كيف تستطيع أن تتجاهل مشاعرك الحقيقية؟
وكيف تمكّنت أحاسيسك من تجاهلك؟

الضجيج في رأسك منعك من سماع صوت قلبك..

أوقف الضجيج الفارغ واستمع إلى صوت قلبك..

فحين تسمع صوت قلبك، تعيش بقلبك..

وحين تسمع صوت عقلك، يحتلك الضجيج..

..

أصبحت تتكلَّم من رأسك..

رغم توسُّلات قلبك، المقيَّد بسلاسل منطق دماغك الأيسر..

قلبك المقيَّد يطالبك بأن لا تتصرَّف وكأنَّك إنسان آلي..

إنسان آلي يتحرَّك من خلال البرامج التي تَبرمج تبعاً لها..

ولا يتصرَّف طبقًا لما يشعر به..

لكنك ما زلت تتكلَّم من رأسك الأيسر..

بما "يجب" أن تقوله، لا بما (تُحبّ) أن تقوله..

..

تجوع من رأسك..

فتدقُّ ساعة رأسك وتقول لك:

"أصبحت الساعة الثانية ظهرًا..

يجب أن أجوع وأن آكل الآن"..

مع أن معدتك قد تكون غير راضية بتاتًا عن جوعك "الرأسي"..

فتجوع مِن رأسك لا مِن معدتك..

و"جوعك" يحدِّده التزامك بالوقت أو بالمناسبة الاجتماعية..

ولا يحدِّده جهازك الهضمي..

..

تأكل من رأسك..

"فيأكلك" رأسك..

تستخدم فمك وبلعومك كقسطل يمرُّ عبره الطعام إلى الداخل..

ويتحوَّل الاستمتاع بالأكل إلى عملية بلع ميكانيكية..
وعادةً، لا تنتبه لما تأكله ولا لما تتلذَّذ به..
وقد لا تتذكَّر حتىَّ، بأنَّك أكلت ما أكلت..
..
تكره من رأسك..
وتُقاضي الآخرين من رأسك..
لأن رأسك يوهمك، كما برمجوه..
بأنَّك: "على حقّ"..
وبأن من هو خارج قطيعك: "على باطل"..
وبأنَّك: "على يقين"..
ومن هُم خارج قطيعك: "مضلَّلون"..
وبأنك: "خيرهم"..
ومن ليسوا من قطيعك: "هم أكثر الناس شرًّا"..
..
تحبّ من رأسك..
فيقول لك رأسك: "هذه هي من "يجب" أن تكون حبيبتي"..
لأنها متطابقة مع مواصفات الفتاة "النموذجية" التي قالوا لي بأنها تناسبني..
وبما أنها شقراء/سمراء..
وتشبه المطربة المشهورة فلانة..
وعيناها ملونتان/سوداوان..
وقوامها على "الموضة"..
وجمالها بمستوى المقاييس "النموذجية " المطلوبة اجتماعيًا..
ولديها مواصفات تجعلني أتباهى بحبِّها لي أمام الجميع..
فأجعلهم يموتون غيظًا مني..

لذا "قرَّرتُ" أن أُحبَّها..

وبما أن قلبي ليس في رأسي، فلا مانع عندي من إسكاته..

وإهمال رأيه في قرارات الحبّ التي تخصُّني..

..

تمارس الجنس من رأسك..

مع أن الجنس من الرأس ليس جنسًا..

فحين تمارسه في رأسك..

ستمارسه "حبيبتك" في رأسها أيضًا ..

أنت في عالمك الخيالي الخاصّ بك..

وهي في عالمها الخيالي الخاصّ بها..

فتتحوَّل عملية الاتحاد الكونية إلى عملية هلوسة فكرية بحتة.. .

وتتحوَّل على مستوى الجسد إلى عملية ميكانيكية بحتة..

تنتهي بتبادل السوائل فقط، لا بتبادل الحبّ..

..

"تحتفل" من رأسك..

لأن رأسك يذكِّرك بأن اليوم عيد رأس السنة..

"فعليك" أن تحتفل وتكون سعيدًا..

وبما أنك شخص "نموذجي" ..

يُفترض بك أن تلعن السنة الماضية من عمرك، إسوةً بسابقاتها..

وأن تأمل الحظَّ الجيِّد مع إطلالة هذه السنة الجديدة..

وتعرف بأن يوم العيد هو الموعد السنوي..

الذي "يجب" أن "تفرح" به..

و"يجب" أن "تحتفل" به..

وعندما ينتهي هذا اليوم..

لا بأس من أن تعود تعيسًا..

منتظِرًا كالعادة مناسبات، حدَّدها الآخرون لك مسبقًا، "لتحتفل" بها..

كلّ ذلك لأنك تنسى يا أيها "المحتفل" من رأسه..

بأن كلّ فصل هو عيد..

كلّ شهر، يوم، ساعة، دقيقة..

كلّ ثانية هي عيد..

فحين يأتي الفرح الداخلي يأتي العيد..

وليس حين يأتي العيد ينبغي أن يأتي الفرح..

وعندما يغمرنا الفرح نحتفل داخليًا..

دون الحاجة إلى الضجيج الخارجي..

الذي يعتمد على المناسبات المحدَّدة لنا لكي نفرح "فرحًا معلَّبًا"..

لأنك حين تحتفل أنت بالعيد (أي بالمناسبة)..

يحتفل بك الضجيج في رأسك..

وتُغرِقك الخيبة والإحباط..

من جرَّاء انتظار الفرح الحقيقي الذي لم يأتِ مع يوم العيد..

والذي لن يأتي من خلال أيِّ مناسبة اجتماعية أُخرى.

..

فبدلاً من أن تحتفل بالعيد، احتفل بنفسك لتصبح أنت العيد.

العقيدة "النموذجية"

العقيدة "النموذجية"/ تعريف العقيدة

تعريف العقيدة

العقيدة هي مِن فِعل (عَقَدَ) أي رَبَطَ..

والعقيدة هي انتماء عقليّ..

والانتماء العقليّ هو (عقد) أو (ربط) العقل بمعتقد معيَّن..

وربط العقل بمعتقد هو بمثابة "عقد قِران" العقل على عقيدة ما..

وعقد القِران يُلزم الطرفين (العقل والعقيدة) بتنفيذ بنود هذا العقد إلى الأبد..

والالتزام بهذا العقد يوجب "الإخلاص"، وعدم قيام أحد الطرفين بخيانة الطرف الآخَر..

وكلُّنا نعلم بأن الكثير من العقائد عبر العصور قامت بخيانات شنيعة ومتكرِّرة للعقل.. فبسبب التغيير الدراماتيكي المستمرّ في الفكر البشري وفي الظُّروف الاجتماعية، الاقتصادية، والفكرية التي تحيط بالإنسان، أصبح العديد من العقائد خارج دائرة المنطق، ويستحيل أن يتقبَّله العقل.. وأصبح العقل وسيلة للنقل.. وسجينًا (معقودًا) بسجن العقيدة.. وهكذا خانت العقائد العقل، بينما بقيَت عقول العقائديِّين ملتزمة "بإخلاصها" لعقائدها دون "خيانة" تُذكر..

إننا نتخلَّص من نفايات منازلنا كلّ يوم.. ولكنَّنا لا نتخلَّص من نفايات معتقداتنا الباليَة من رأسنا ولو مَرَّة في العمر.. فالمعتقدات مثل المأكولات لها (تاريخ انتهاء الصلاحية) وقد تتعرَّض للفساد والعفونة.. وقد تضرُّنا على الرغم من أنَّها وجدت في الأساس لخيرنا.

العقيدة "النموذجية"/ أتباع العقائد

أتباع العقائد

لا بد لنا من الإقرار باحترامنا وتقديرنا لبعض العقائديِّين الكبار الذين كرَّسوا حياتهم بكلّ صِدق ووفاء في سبيل تحقيق أهداف عقيدتهم.. ويجب أن لا ننسى بأن الكثير من العقائد التي أرساها أُناس عظماء قدَّموا للبشرية سُبل التطوُّر العلمي، الاجتماعي، الاقتصادي، الحضاري، والروحي..

كما لا بد لنا من أن نذكر أيضًا ما فعلته الكثير من العقائد المتسرطنة الأحادية البُعد التي جرَّت الويلات على الإنسانية جمعاء بكلّ وجوهها..

لسنا هنا لكي نقيِّم العقائد ومبادئها، بل لكي نتحدَّث عن آلية انتمائنا للعقائد بمختلف أنواعها بغضِّ النظر عن مدى صحَّتها أو تخلُّفها.. نريد هنا أن نناقش الذوبان الفكري في أيِّ عقيدة، وعدم تمكُّن العقائدي من تخطِّي "صندوق" عقيدته الفكري، فيصبح فكره الحرّ أسير عقيدته..

..

هناك فارق كبير بين:

"معتنِق" لعقيدة ما..

و"مقتنِع" بعقيدة ما..

و"منعتِق" من أية عقيدة..

ثلاث كلمات متشابهة الأحرف الخمسة.. ومختلفة المعاني:

"معتنقو" العقائد

أغلب المعتنقين الذائبين في عقائدهم يشجِّعونها كما يشجِّع الناس الحصان
الذي يراهنون عليه في سباق الخيل..

إنهم يصرخون فقط..

لا يركبون الخيل، ولا يركضون..

بل يراهنون، ويصيحون، ويشجِّعون فقط..

ويبقون مسمَّرين في أماكنهم..

إنهم يشجِّعون الحصان ليس محبَّةً به، بل "محبَّةً" بالمال الذي قد يجنونه
إذا ما فاز في السباق..

بالنسبة إليهم، الحصان المراهَن عليه هو "الأفضل على الإطلاق"، وهو
من "يجب أن يفوز".. وكفى!

وعلى أيِّ أساس بنوا رأيهم هذا؟

فالجواب غير مهمّ..

..

هذا ما يحصل مع معتنقي العقائد الذائبين..

إذا سُئلوا عن أيِّ أساس عقلاني استندوا في اعتناقهم لعقيدتهم..

الجواب ليس مهمًّا..

المهم هو شعورهم بالانتماء إلى شيء ما..

ليعوِّضوا عن عدم انتمائهم إلى ذاتهم الحقيقية..

هذا الشعور القطيعي يُوفِّر لهم "الأمان" الضائع منهم.. والانتماء يُشعرهم
بأنَّهم ليسوا وحدهم..

وبأنَّهم غير متروكين..

وغير معزولين عن الآخرين..

137

وبأن ما "يَعتقدون" بأنَّه الأفضل تشاركهم فيه جموع غفيرة من الناس..

وكلَّما زاد عدد الناس الذين ينتمون إلى معتقداتهم..

زاد "أمانهم" المزيَّف وترسَّخت عندهم الفكرة التي تؤكِّد أن "خيارهم" صحيح..

المقتنِعون بالعقائد

معظم المقتنعين بعقيدة معيَّنة مبرمَجون وفق هذه العقيدة منذ صغرهم..

أو ليسوا هم من اختار قناعاتهم، بل الجيرة، المعشر، أو الظُّروف..

لقد تربُّوا على "الاقتناع" منذ طفولتهم..

فلا يمكن مثلاً لطفل صيني، ولد في الصين من أبَوين صينيَّين..

وعاش حياته في مجتمع صيني تقليدي أن يتكلَّم اللغة العربية..

هذا احتمال شِبه مستحيل..

ومن النادر جدًّا لشخص أهله في الهند..

وعاش حياته في قريته الهندية ضِمن بيئة هندوسية ملتزمة..

أن يقتنع بالديانة الزردشتية (على سبيل المثال)..

..

وإذا سألنا أنفسنا لماذا نحن مقتنعون بالعقيدة الفلانية..

سوف نرى بأن أغلبيَّتنا الساحقة تتبع عقائد أهلها..

وديانة أهلها..

ومصفوفة معتقدات أهلها..

فالوراثة قد تحكم الاقتناعات..

لأن الاقتناعات تُورَّث..

والانتماءات الفكرية تُورَّث..

والانتماءات الدينية تُورَّث..

138

..

إن أكثر العقائديِّين "المقتنعين" لا يستطيعون تقبَّل النقد..
لأنهم يتبعون نظامًا متكاملاً غير قابل للتشكيك فيه..
وقد يحمل في بعض الأحيان صفة "المقدَّس" لديهم..
فكيف يمكن نقد "المقدَّس"؟..
هذا مستحيل..!
حتى لو كان أحد بنود عقيدته غير صحيح..
أو لم يعد مناسبًا لواقع جديد..
لا.. ولم.. ولن.. يستطيع أن يتخلّى عن عقيدته..
لأنَّه يعرف أنه إذا شكَّك في أحد عناصر (الكادر) الفكري "المتكامل" عنده..
تنهار عنده منظومة هذا (الكادر) بالكامل..
وهذا غير مريح لمعتنق أيَّة عقيدة أو لمقتنع بها..
إن المقتنع بعقيدة ما يتصرَّف بشكل "عقلاني" فقط..
حين يَنتقِد "لاعقلانية" العقائد الأخرى..
وقد يتهكَّم لساعات على "سخافات" بعض الجوانب في العقائد الأخرى..
لكنه يتحوَّل فجأة إلى تابع، وغير عقلاني حين يعود الأمر إلى مناقشة بعض "الفجوات" العقلية في عقيدته من قِبل "عقلانيِّي" العقائد الأخرى..

..

فالعقائدي "المعتنق"، كما الحال مع العقائدي "المقتنع" بعقيدته..
"يؤمن" بشكل كامل، لا يقبل الجدل، بأن عقيدته "صحيحة"..
وهو "على حقّ" ومنظومة عقيدته "متكاملة"..
ولا يستطيع أن يرى بأن العقائد الأخرى هي على حقّ..
لأن عقيدته، "طبعًا"، هي "فقط" على حقّ..
وهذه النظرة مِن أهمِّ أسباب المبرِّرات الفكرية لاندلاع أيّ صراع..

المنعتِقون من العقائد

المنعتق من أيَّة عقيدة هو إنسان غير مبرمج..
ذو شخصية حرَّة، وغير نمطية..
لا تحتلُّه منظومة معتقدات معلَّبة فُرضت عليه بحكم التربية، أو الرفقة ..
ولا تُضلِّله الأحكام المُسبقة..
هو إنسان عقلاني، عِلمي، يقيِّم أيَّ نظرية بشكل موضوعي..
دون تأثير "الرأي العامّ" في رأيه..
وهو قادر في أي لحظة على نقد نظرية ما، كان يراها منطقية في السابق..
أو إبدالها بأُخرى أصبحت أكثر منطقية بالنسبة إليه..
وهو يتفهَّم جميع العقائد بشكل موضوعي..
وفي الوقت عينه، غير مقيَّد (بكادر) معتقدي جامد..
يتقبَّل بكلّ بساطة كلّ ما يراه عقلانيًّا..
ويرفض، بالبساطة عينها، كلّ ما يراه غير عقلاني..
ولأنَّه حرّ..
يتقبَّل هو.. ويَرفض هو..
وهو من يتحكَّم في رأيه المتفرِّد عن تأثير الآخرين..
وحين يدرك بأن رأيه لم يكن صائبًا..
يمكنه دائمًا أن يقوم بتصويب رأيه.
..
ملاحظة

إن أيَّ "قارئ نموذجي" يتوقَّع من أيِّ "كاتِب نموذجي" أن يُعطيه بديلاً "متطوِّراً" عن صندوقه الفكري.. لكني أعلم عزيزي القارئ بأنك لست قارئًا نموذجيًّا (بدليل أنك ما زلت تقرأُ في هذا الكتاب ووصلت إلى هذه الصفحة)..

وأنا أعلم أيضاً بأني لست كاتباً نموذجيًا يسعى إلى تسويق معتقداته..

لذلك أُريدك أن تتبرَّأ من جميع من يسوقون قوالبهم الفكرية "المتخلفة" أو "المتطوِّرة"..

وأُريدك أن تتبرَّأ منِّي أيضًا ..

وأن تتبرَّأ من جميع القوالب الفكرية الجامدة..

وأن ترى الحياة بصورة خارجة تمامًا عن القوالب، والنماذج الجاهزة..

فأنا لا أسعى إلى جعلك تقتنع بصندوقي الفكري..

ولا أطلب منك بأن تهاجر صندوقك الفكري لتستوطن صندوقي..

لأن صندوقي الفكري ليس أفضل من صندوقك..

فالصندوق الفكري هو حدّ فكري لي ولك..

والحد الفكري هو سجن فكري..

والسجن الفكري هو أخطر السجون..

والسجون، سجون..

مهما اختلفت أشكال القضبان..

..

وأُريدك، كما أُريد لنفسي، أن تعود طفلاً لتفكِّر ببراءة..

وتتصرَّف بعفوية..

وتعيش بحبّ..

متحرِّرًا من جميع سلاسل الأحكام المسبقة..

ومن التصنيفات المنقوصة..

ومن التعميمات المجحفة والظَّالمة..

ومن عقَد الخوف من الحرِّية ومن الحياة..

..

أُريدك أن تتحرَّر من تقسيم كلّ شيء إلى "أبيض" و"أسود"..

أُريدك أن ترى بعض البياض في السواد، وبعض السواد في البياض..

وأن تتجاوز الأسود والأبيض إلى كلّ ألوان الوجود..

وأن تتجاوز كلّ ألوان الوجود لتصل إلى فراغ اللون.. إلى اللّالون..

وعندئذ تستطيع أن تكون أنت كما أنت..

وتستطيع أن تكون إنسانًا جديداً كلّ ثانية..

فتفكر وتتصرَّف ببراءة.

العقيدة "النموذجية"/ بين البراءة.. والواجب

بين البراءة.. والواجب

العقائد تحوي منظومة مترابطة من المبادئ، وهي مجموعة من القيَم والقوانين وُضعت بالأساس لخير البشر في زمان ومكان محدَّدين.. ولذلك توجَّب على البشر اتِّباعها.. لكن المبادئ، كالناس، تعيش وتمرض وتضعف وتشيخ، ثم تموت.. والعقائد ومبادئها قد تُستغلّ من قِبل البعض.. وقد تُجيَّر لمصلحة البعض الآخر.. وقد تتناقض بين مجتمع وآخر، وبين جيل وجيل.. وهذا التناقض يسمح بخلق مناخات للصراع بين المجتمعات والشعوب.. لأن "الواجب" يقتضي حماية المبادئ المتناقضة من قبل التابعين لها.. وحين توجد مبادئ لعقائد تحوي مصالح متناقضة بين المجتمعات والدول، تولد الصراعات والحروب.. وهذه الحروب لها مبرِّراتها، الجاهزة دائمًا، من قِبل جميع الأطراف المتصارعة بـ: "حماية المبادئ" أو "الدفاع عن العقيدة".. ومما لا شكّ فيه هو أن جميع القتلى الذين يسقطون في مثل هذه الصراعات هم: "شهداءُ الواجب"..

أمَّا البراءة فهي التصرُّف بتلقائية وبحرِّية..

والبراءة تعني: التصرُّف بعفوية الحب..

والبراءة هي اللحظة النادرة التي نحيا فيها الحياة بتلقائية وشجاعة وإبداع..

والبراءة هي أن نتنفَّس الحبّ..

وأن نعيشه في كلّ شيء، وفي كلّ عمل نقوم به..
والبراءة هي أن نبث الحبّ غير المشروط في كلّ مكان نوجد فيه..
دون أيِّ مصلحة ذاتية..
والبراءة هي التصرُّف كأُناس أحياء، لا كآلات..
..
فالحبّ غير المشروط للعالم المحيط هو الطريقة البريئة الوحيدة لحب الله..
وإن الرضى والتسليم والتقبُّل والتفاؤل والصبر والرحمة والانفتاح..
والتطوُّر والتحرُّر من عبادة الأصنام الفكرية الجامدة، وتفهُّم المختلف..
كلّها أفعال محبَّة، وهي تلقائية، عفوية، وبريئة..
وتحصل دون مجهود أو تصنُّع..
..
تقول لنا المبادئ:
"عليكم أن تساعدوا الفقراء..
هذا واجبكم.. وعليكم الالتزام به..
وهذا لمصلحتكم.. وإلا سوف تعاقَبون"..
نفعل ما تطلبه منَّا المبادئ "كما يجب"..
ونساعد الفقراء كمن يؤدِّي واجبًا أو كمن يدفع ضريبتة منتظرًا الإيصال..
..
تقول لنا البراءة:
"سأُساعد هذا الفقير لأني أحببته وأُريد أن أُساعده.."
فنساعده ببراءة، لا طمعًا "بالإيصال"، ولا بِردِّ المال..
نفعل ما تطلبه منَّا براءتنا (كما نحبّ)، لا (كما يجب).
فنعطي الفقراء: "المال مع الحبّ".. لا "المال" لنأخذ "الإيصال"..
..
فالتعلُّق بالمبادئ هو (الطاعة للواجب)..

والتعلُّق بالمبادئ وطاعتها فقط، ليس حبًّا على الإطلاق..

إنّه يشبه إلى حدّ بعيد علاقة العبد المطيع الذي:

يكره سيِّده..

ويطيع أوامره..

..

لنسأل الياسمين لماذا ينشر عطره الرائع في كلّ مكان..

طبعاً لن يقول لنا الياسمين:

"إنها المبادئ والواجبات"..

بل سيقول بكلّ بساطة:

"أنا الياسمين هكذا..

أفعل ما أُحبُّه..

وأُحبُّ ما أفعله.."

145

العقيدة "النموذجية"/ بين المتنوّر وأتباعه

بين المتنوّر وأتباعه

"عندما يشير المعلم إلى القمر، ينظر الأحمق إلى الإصبع".

(من كلام الزنّ)

مع أن جميع المتنوِّرين يعيشون الاختبار ذاته، ويرون الحقيقة المطلقة ذاتها، نرى بعض الاختلافات في طريقة تحدُّثهم عنها. إنهم يتكلَّمون عن هذه الحقيقة بطرق مختلفة تبعًا لاختلاف الزمان والمكان، ولمستوى وعي المجتمعات التي عاشوا فيها. فالمتنوِّرون لم يعطوا مريديهم إلا بقدر ما يمكن للمريدين استيعابه من معرفة.

فكما الأم لا يمكنها إطعام رضيعها، المولود حديثًا، طعامًا حارًّا، يحوي الفلفل لأن الطفل لا يمكنه تحمُّل هذا الطعام، وإنما تعطيه حليبها فقط لأن جهازه الهضمي مؤهَّل في هذه المرحلة لاستقبال حليب الأم فقط.. كذلك الأمر بالنسبة للمتنوِّرين، إنهم يعطون معرفتهم على قدر مستوى وعي أتباعهم، وعلى مدى استعداد الأتباع لفهمها ولتقبُّلها. لذلك قد نرى بعض المتنوِّرين يتحدَّثون عن أشياء لم يتحدَّث عنها متنوِّرون آخرون، والعكس صحيح. ولكن أتباع المتنوِّرين، بفعل انبهارهم بشخصية المتنوِّر وتجربته، وبفعل عجزهم عن رؤية الكلّ في الجزء، يتحزَّبون للمتنوِّر الذي يحبُّونه، ويتبنُّون كلّ ما قاله، ويرفضون كلّ ما لم يَقله، أو ما قاله غيره ممَّن سبقوه أو ممَّن جاء بعده من متنوِّرين.

إن الفارق بين المتـنوِّر وأتباعه فارق كبير. فالمتـنوِّر يعطي اختباراته العرفانية الذاتية من خلال وعيِه المتطوِّر. وبعدما يذهب المتـنوِّر، يحاول الأتباع التعويض عن غيابه بتأسيس مناهج ومعايير ثابتة يعتمدون عليها في حياتهم. لكن هؤلاء الأتباع، نظرًا للفارق الكبير بين مستوى وعيهم ومستوى وعي المتـنوِّر، (يعلِّبون) هذه الاختبارات، بعد أن يضيفوا إليها بعضًا من جهلهم، ونواقصهم، ومصالحهم الخاصَّة.

وبذلك يحوِّلون اختبارات المتـنوِّر الروحانية إلى عقائد موروثة..

إلى أصنام فكرية متحجِّرة أصلب من الفولاذ..

يحوِّلون ذاته المتـنوِّرة إلى مؤسَّسات مُنارة..

ويحوِّلون روحانيَّته إلى قواعد ومعايير جامدة..

يتبعونها فقط لأن المتـنوِّر كان يتبعها..

ويجعلونها عقائد..

ويأخذ الأتباع هذه العقائد المُعلَّبة ويعلِّمونها لتلاميذهم..

ولتلاميذ تلاميذ.. تلاميذهم..

يحملونها معهم من أجل الحصول على "أتباع أكثر للعقيدة"..

أو بالأحرى، من أجل الحصول على أتباع أكثر لهم..

كونهم "حاملين راية العقيدة وحُماتها" طبعًا..

وليس ليجعلوا تلاميذهم متـنوِّرين..

لأنَّه لا يمكن لأحد ما غير متـنوِّر أن يجعل شخصًا غيره متـنوِّرًا..

كما لا يمكن لأعمى إرشاد أعمى آخر إلى مكان ما..

فالتنوُّر حالة وعي داخلية تنبع من الداخل ولا تأتي من الخارج..

..

من المنطقي القول بأن الأتباع المعاصرين للمتـنوِّر والمقرَّبين منه يتأثَّرون به أكثر من تلاميذ هؤلاء الأتباع، الذين لم يكونوا مقرَّبين من المتـنوِّر.. فما حال تلاميذ.. تلاميذ.. أتباع.. أتباع.. أتباع.. أتباع المتـنوِّر؟ فكلّ تابع ينقل نواقصه مع

المعرفة التي تعلَّمها من مُرشده.. الذي بدوره نقل نواقصه مع المعرفة التي تعلَّمها من مُرشده.. وهكذا دواليك.

لنتذكر حادثة "طريفة" حصلت في تظاهرة احتجاجية بعد إعلان "وعد بلفور" المشؤوم:

كان الناس في مقدِّمة هذه التظاهرة يهتفون:

"فليسقط وعد بلفور".. "فليسقط وعد بلفور"..

أمَّا الناس في مؤَخِّرة التظاهرة فكانوا يهتفون:

"فليسقط واحد من فوق".. "فليسقط واحد من فوق"..

..

فبسبب تكرار هذا الشعار من شخص يهتف في مقدِّمة التظاهرة..

مرورًا بمستمع خلفه سمعها وردَّدها كما تصوَّرها أن تكون..

مرورًا بمستمع يهتف في آخر التظاهرة سمعها كما نقلها إليه من كان أمامه..

وبهذا تحوَّل "**وعد بلفور**"، بكلّ بساطة، إلى "**واحد من فوق**".

..

فكما ننسخ نسخة عن صورة بواسطة آلة نسخ غير دقيقة، ونأخذ هذه النسخة.. وننسخ منها نسخة جديدة لها.. ومن النسخة الجديدة ننسخ نسخة أخرى.. وهكذا دواليك.. لنصل إلى النسخة المنسوخة من النسخة الألف.. فسوف لن نفاجأ إذا وجدنا بأن النسخة رقم 1001 تختلف كليـًا عن الصورة الأولى الأصلية.

هذا ما يحدث مع تلاميذ.. تلاميذ.. أتباع.. أتباع.. المتـنوِّر. فيصبح تلميذ..

.. تلميذ..

.. تلميذ..

.. التلميذ الـ 1001

يعبِّر فعليًّا عن روحانيِّة المتـنوِّر كما تعبِّر النسخة رقم 1001 عن الصورة

الأولى الأصلية.. فنردِّد تجارب المتنوِّرين في كلّ العصور كالببَّغاوات كما نردِّد "فليسقط واحد من فوق" كالببَّغاوات..

..

أضف إلى ذلك أن الأتباع كانوا يقلِّدون المتنوِّرين في كلّ شيء.

في التبتُّل: يحاولون عدم لمس النساء، تشبهًا بالمتنوِّر الذي تجاوز رغبة الجنس وكنتيجة لذلك أضحى متبتِّلاً. أمَّا التابع، فيفرض على نفسه الكبت الجنسي مع أنه لم يتجاوز رغبته الجنسية بعد..

فمعادلة المتنوِّر تقول:

"عندما تصبح إنسانا ناضجًا روحيًا سوف تتجاوز الرغبات الجنسية"..

أمَّا معادلة التابع فتقول:

"يجب أن تقلِّد مسلك المتنور وأن تمنع نفسك من التعاطي الجنسي، وأن تكبت رغبتك الجنسية لكي تصبح مثله إنسانًا ناضجًا روحيًّا"..

..

فالتبتُّل، بطبيعته، هو نتيجة للنضج الروحاني وليس وسيلة..

لذلك يقع التابع في ذات مزيَّفة..

بين مطرقة ما هو مطلوب منه، وسندان ما هو عليه حقيقة..

..

يَعتبر أيّ "عقائدي" أن عقيدته هي من أملاكه الفكرية. فيضيفها إلى شخصيَّته التي يخاف فقدانها أو انتقادها أو التطاول عليها. لذلك يزوِّد عقيدته - كما يزوِّد سيَّارته- "بجهاز إنذار" لحمايتها ومنع أيِّ أحد من المسِّ بها. وإذا حاول أحد ما أن ينتقد - ولو بشكل موضوعي - هذه العقيدة، سوف يتولَّى هذا العقائدي دور جهاز الإنذار ويطلق، بكلّ ما لديه من قوَّة، صوته للدفاع عنها وكأنما يدافع عن شرفه، وممتلكاته.

ومِن نافل القول أن معظم الحروب التي حصلت عبر التاريخ، قامت على

أيدي أصحاب العقائد "الملتزمين"، والمتصارعين مع أصحاب عقائد أُخرى "ملتزمين" أيضًا .

..

لنختم معًا هذا الفصل بقول رائع لراما كريشنا:

"ما دامت النحلة تحوم حول الزهرة دون أن تحطّ في قلبها لتمتصّ رحيقها، فإنها تظل تحدِث الطنين والونين. ولكن ما أن تحطّ في قلبها، حتى تبدأ بامتصاص رحيقها بشهية وصمت.. كذلك الإنسان، فما دام هو يناقش ويجادل حول المذاهب والأديان وأيها أفضل، فهذا يعني أنه لم يذق بعد رحيق العرفان.. وما أن يدخل العرفان السليم إلى قلبه، حتى يشعر بالنشوة ويلوذ بالصمت(*).

(*) راما كريشنا، الحقائق الروحية، ص 41.

العقيدة "النموذجية"/ العداوة النموذجية

العداوة "النموذجية"

كان رجل يسير على الطريق برفقة صديقه الذي يملك شركة مختصَّة في رشّ المبيدات الحشرية، حين صادفا مرور صرصار بقربهما، وعندما هرع الرجل لقتل الصرصار، منعه صديقه صائحًا:

- "لا تقتله.. لا تقتله.. اتركه وشأنه".

استغرب الصديق سائلاً الرجل باستغراب شديد:

- "لا تريدني أن أقتله!؟... وأنت المتخصِّص بإبادة الصراصير عن بكرة أبيها!؟"

أجابه الرجل ضاحكًا:

- "بقتلك لهذه الصرصار سوف تقوم بإغلاق "باب رزقي"، إن لي مصلحة في إبقاء الصراصير في كلّ مكان. لأن هذا ما يدفع الناس إلى استدعائي لمساعدتهم على إبادة هذه الصراصير. وهذا ما قد يجعل عملي يزدهر أكثر فأكثر".

..

هنالك عداوة علنية، وحلف مبطَّن، في الوقت عينه، بين صديق ذلك الرجل والصراصير التي يحاربها. فكما أوردنا سابقًا، إن هناك حلفاً ضمنياً يختبئ وراء العداوة الدائمة بين الكلب "حامي القطيع"، والذئب "عدوّ

151

القطيع".. فالخطر هو المبرِّر الأساس لوجود الحماية.. ووجود الذئب يُحتِّم وجود الكلب، ووجود الكلب ضرورة للحماية من الخطر المحتمل.

بالرغم من وجود العداوة الدائمة والصراع الذي لا ينتهي بين الكلب والذئب، فالكلب له مصلحة في إبقاء الذئب وخطره على القطيع لأن الكلب قد يفقد دوره في حال عدم وجود الذئب وما يشكِّله من خطر على القطيع.

فشركات التأمين، التي تقدِّم لنا "الأمان" المادي، تستخدم خوفنا لتبيعنا بوالصها.. وهكذا تبني كلّ مصالحها على تخويفنا مما قد يصيبنا في المستقبل فتجعلنا نهرع لشراء بوالص التأمين لحماية أنفسنا من "غدر الزمان".

..

فالعدو يتغذَّى من خلال عداوته لعدوِّه..

وبزوال العدو، يزول مبرِّر وجود حالة العداوة..

وبالتالي، يخسر كلّ مصالِحه المبنية، منذ زمن، على هذه العداوة..

..

فكما أن الذين يحبُّون بعضهم بعضًا يصبحون متشابهين في عدَّة أُمور. كذلك الأمر بالنسبة إلى الأعداء الذين ليس لديهم شيء سوى حالة العداوة فيما بينهم، فإنهم يصبحون متشابهين في أشياء كثيرة.

فنصبح نحن شَبه من نحبه.. وشَبه من نعاديه.

العقيدة "النموذجية"/ العقيدة القتالية "النموذجية"

العقيدة القتالية "النموذجية"

منذ فجر التاريخ حتى هذه اللحظة، تلجأُ الأمم والمجتمعات لبرمجة مقاتليها للدفاع عن مصالحها وحمايتها. وتقوم بتدريبهم "عقائديًّا" و"فكريًّا"، ليمحوا هويَّتهم الإنسانية، ويحوِّلوها إلى عاطفة مبنية على الكره والحقد والخوف من "العدو" (حليف الشياطين.. والمتآمرين.. الذي يمثِّل الشرّ بجميع وجوهه).

فتُخاض الحروب بشعارات تعوَّدنا سماعها منذ آلاف السنين إلى يومنا هذا.. وهذه الشعارات هي:

- محاربة "الشرّ".. محاربة "الإرهاب".. أو محاربة "الشيطان"..
- من أجل "الحرِّية".. "التقدُّم.. التحرير.. الديمقراطية"..
- الدفاع عن "مجد" الأمة.. عن "الكرامة".. عن "العِرض"..
- الذود عن "الشرف".. عن "مصالح" الوطن.. عن القبيلة..
- دفاعًا عن "الآلهة".. عن "السماء".. عن "الطائفة"..
- أو عن "حماية" الأراضي "المقدَّسة"..

..

والجدير ذكره هنا، والذي يدعو حقًّا للدهشة، أن كلّ طرف من طرفي النزاع، غالبًا ما يحمل الشعارات ذاتها من أجل مواجهة الطرف الآخر، ويَعتبر نفسه "مدعومًا" من "السماء"، ومدافعًا عنها.. وطبعًا، المتقاتلون من كلا

الطرفين "مؤمنون" بأن حربهم "مبرَّرة"، و"قضيَّتهم" "حقَّة" تستأهل الموت من أجلها.

إذا قرأنا التاريخ القديم والحديث، نرى أن "مصالح الأمم والمجتمعات" كانت دائمًا وما زالت، تُختصر "بمصالح القيِّمين عليها" فقط. فوقود الحروب كانت دائمًا الشعوب المغرَّر بها، والمبرمَجة سياسيًّا، فكريًّا، عقائديًّا، دينيًّا، طائفيًّا، مذهبيًّا، عنصريًّا، اجتماعيًا، أو قوميًّا، والمشحونة بالخوف والحقد والبغض.. فدفعت هذه الشعوب، في معظم الحالات، ثمن الحروب.. أمَّا القيِّمون على هذه الأمم والمجتمعات فكانوا دائمًا المستفيدين الحصرييِّن من هذه الحروب.

ومن المعلوم أن المقاتل عندما يقوم بقتل أحد ما وجهًا لوجه (أكان عدوًّا أم لا). يتعرَّض، لفترة طويلة، إلى شتَّى أنواع العذاب الداخلي. وهذا العذاب هو "تأنيب الضمير الفطري" أو تأنيب العاطفة الإنسانية الفطرية النابعة من "الذات الحقيقية". ويخضع لكلّ هذا العذاب لأنَّه ارتكب فعل القتل. وعلى الرغم من اقتناعه الفكري "بضرورة" قتله لهذا الشخص. حتى أن معظم الناس الذين يستمتعون بأكل لحوم الحيوانات لا يقوون على ذبحها، ولا يتحمَّلون مشاهدة عملية ذبحها.

فالإنسان الذي يحمل في طيَّاته القيَم الإنسانية الفطرية لا يمكنه أن يمارس القتل، وبالتالي لن يكون مقاتلاً فاعلاً. أمَّا الإنسان المشبَّع بالكره والخوف والحقد، والمبرمَج على العنف، فيتحوَّل إلى (مجنون) جاهز دائمًا لارتكاب أيّة حماقة. لذلك يُعتَبر هذا المجنون المشحون بالحقد "مقاتلاً نموذجيًا" في المعارك، وذلك لأن حروب الأمم والمجتمعات المتصارعة من أجل مصالحها الأنانية لا تشنّ حروبها إلا بالمجانين.

العقيدة "النموذجية"/ "المعلم النموذجي"

المعلم "النموذجي"

كان ناسكٌ "براهماني" يقيم في كوخ متواضع على إحدى ضفَّتي نهر كبير. وكانت امرأة من الفلّاحين تؤمن به إيمانًا عميقًا وتعتبره "قدِّيسًا". تأتيه كلّ يوم بالطعام بعد أن تستأجر قاربًا صغيرًا ينقلها من الضفَّة إلى الضفَّة الأخرى. تصل إليه في الموعد نفسه. إلَّا أنها تأخَّرت ذات يوم عن موعدها المعهود فسألها الناسك:

- "لماذا تأخَّرتِ هذا الصباح؟"

فأجابته:

- "لم أجد قاربًا جاهزًا، فاضطررت إلى الانتظار حتى حضر قارب آخر نقلني إليك".

فأجابها الناسك:

"لو كان لديك إيمان قوي بالله لاجتزت النهر مشيًا على قدميك"..

وبما أنها كانت تؤمن بكلام الناسك إيمانًا مطلقًا، فقد عملت بأقواله وأصبحت تأتي إليه بالفعل مشيًا فوق المياه، وتصل إليه كلّ يوم في الموعد المحدَّد. فتعجب الناسك من دقة مواعيدها وسألها:

"كيف أصبحت تأتين إليَّ في الموعد نفسه"؟

فأجابته:

"لقد اجتزت النهر على قدميّ".

فلم يصدِّق الناسك أقوالها وقال لها:

"هيَّا أريني كيف"!.

ثمّ انطلقا معًا إلى ضفّة النهر. فمشت المرأة في خضمِّه دون تردُّد أو خوف.. وفيما هي في وسطه، التفتت نحو الناسك فوجدته ما زال واقفًا على الضفَّة، وهو يرتعد خوفًا من اللحاق بها فخاطبته قائلة:

- "هيَّا اتبعني.. ألا تؤمن بما قلته لي ؟!"

ثم تابعت سيرها على الماء إلى الضفَّة الأخرى، بينما ظلَّ الناسك مسمَّرًا في مكانه(*)

رامًا كريشنا، الحقائق الروحية، ص 80.

العقيدة "النموذجية"/ القضية "النموذجية"

القضية "النموذجية"

"إن نقيضك ومُعارضك هو أنت.. والأمر ببساطة أنك في هذه الناحية من (الأنا) الخاصَّة بك قد انقسمت إلى خير وشرّ، فأنت تميِّز أين الخير وأين الشرّ، وتتحوَّل في صراعك مع الشرّ إلى الشرّ نفسه الذي تصارعه"(*).

إذا كنَّا بوسنيِّين..
نعلِّم أطفالنا أن عدوَّنا الأوحد هو شعب الهرسك..
..
وإذا كنَّا من شعب الهرسك..
نعلِّم أطفالنا أن "عدوَّنا" الأوحد هو الشعب البوسني..
..
وإذا كنَّا باكستانيين..
فإن "عدونا" الأوحد هو الشعب الهندي..
..
والعكس صحيح..

(*) ف. جيكارينتسف، الأخلاق وقوانينها في الكون الثنوي، ص 89.

..

فوصل بنا الأمر إلى أن أصبحنا في هذا القرن قبائل من جديد..
قبيلة تحقد على قبيلة أُخرى..
وطائفة تحقد على طائفة أُخرى..
وكذلك الأمر بين "عشائر" الطائفة ذاتها..
ونعتبِر أن كلّ ذلك يصبّ في "مصلحة مجتمعاتنا"..
وننسى أن عدوَّنا الوحيد هو (جهلنا) و(تخلُّفنا) وحقدنا (المبرمَج مسبقًا)..

..

وكلّ ذلك، طبعًا، ليس من أجل "السماء" ولا من أجل الأرض..
إنما من أجل مصالح القيِّمين على المجتمعات المتناحرة..
وتضارب المصالح يؤدّي إلى حروب عبثية، يموت فيها أُناسٌ طيِّبون..
كانوا ضحايا التحريض المبرمج من قِبل أصحاب المصالح في مجتمعاتهم..
في كلّ زمان ومكان، ومنذ فجر التاريخ، وبدون استثناء..
يُحوَّل هؤلاء (الضحايا) إلى "شهداء القضية"..
"شهداء" من أجل "الواجب"، "الدفاع عن السماء"..
من أجل "الدفاع عن الأرض"، "عن العِرض"، "عن الحرِّية"..

..

فعندما يربُّوننا على أفكار مبرمجة على أن:
مجتمعنا هو "أفضل" المجتمعات..
وقضايانا "أحقُّ" القضايا..
وآلهتنا "أفضل" الآلهة..
وأدياننا "أحسن" الأديان..
وطوائفنا "أنقى" الطوائف..
ومذاهبنا "أرقى" المذاهب..
وجنسنا "أذكى" الأجناس..

وروحنا "أسمى" الأرواح..

وبأننا دائمًا "على حقّ"..

وأن من ليس مثلنا "على باطل"..

..

وأننا كنّا.. ولا نزال، عرضة لمؤامرات شتّى من أعداء يمثّلون الشرّ.. ويقولون لنا بأن تخلُّفنا سببه "مؤامرات الأشرار"..

وأن كلّ ما يحدث معنا من مشاكل هو من صنعهم..

وأن فشَلنا وفشَل أجدادنا هو بسبب "الأعداء المتآمرين"..

..

ومع ذلك فإن السماء "ميَّزتنا" عن باقي البشر..

لأننا "خيرهم" بلا أدنى شكّ..

..

كيف لنا أن لا نقبل كلّ هذه "المميِّزات" التي علَّمنا إيَّاها أُناس نحبُّهم ونحترمهم: أهلنا، معلِّمونا، رجال الدين، وزعماؤنا.. على أساس أنَّنا نملكها؟

وكيف لنا أن لا نقبل بأن كلّ مشاكلنا وأزماتنا ليست بسبب تخلُّفنا؟ إنها من "صنع الأعداء"، فهذا أسهل عمل قد نقوم به، وهو "تحميل الآخرين أسباب تخلُّفنا التاريخي".. فليس علينا عمل شيء لتطوير أنفسنا سوى:

"شتم الأعداء".. و"الدعاء"..

وكيف لنا أن لا نكون عنيفين، نتعطَّش إلى القتل، إذا تعلَّمنا من أُناس، نحترمهم ونحبهم، أننا ضحايا الآخرين، والآخرون جلّادونا على مَرّ التاريخ؟

..

فإذا كنتُ من قبيلة معيَّنة يعلِّمونني أن أعيش على ذكريات المجازر التي ارتكبتها القبائل الأخرى بقبيلتي..

وإذا كنت اسبارطيًّا.. منغوليًّا.. هندوسيًّا.. بوذيًّا... الخ

أعيش على هذه الذكريات المؤلمة..

وعلى الرغم من القضايا المحقَّة والمظالم التي تعرَّضت لها بعض المجتمعات.. كانت القصص تختلف، واستغلال القصص له هدف واحد..

في كلّ الأماكن والأزمان:

وهو تحويل الفرد من "إنسان عظيم" إلى مجرَّد "شخص خائف ومخيف"..

إلى متوحِّش يَقتُل ويُقتَل..

ومن إنسان كوني رائع إلى "قطعة ميكانيكية" تكون جزءًا لا يتجزَّأ من آلات القتل الجماعي الكبرى..

..

وهكذا تصبح هذه الذكريات المؤلمة والظَّالمة خبزنا اليومي..

نجترُّ الذكريات المؤلمة كلّ سنة..

والذكريات المؤلمة تجترُّنا كلّ ثانية..

يعلِّموننا أن نتذكَّر الماضي..

لنعاني في الحاضر..

يبيعوننا مستقبلنا بالوعود، بالزمن الزاهر الموعود..

لكي نتقبَّل أن نعيش حياة مُزرية في الحاضر من أجل خدمتهم..

يعلِّموننا كيف "نعيش" في أمجاد ماضينا ومآسيه..

وكيف "نعيش" على وعود مستقبلنا..

لكي نموت في حاضرنا..

..

نتربَّى جميعًا على الخوف من أن تتكرَّر تلك الأحداث علينا مرة أُخرى..

نتربَّى جميعًا على الحقد والكره الذي نكنّه تجاه "أعدائنا الأشرار"..

لما فعلوه "بأجدادنا المساكين" من آلام لا تُنسى..

نتربَّى جميعًا على أنَّنا ضحايا دائمون..

مُحاطون بجلَّادين دائمين..

نتربّى جميعًا على أنّنا نملك، حصريًّا، الصفات الإنسانية..
ونجرِّد، في المقابل، من "ليس مِثلنا" منها..
..

ماذا يعني أن نتربّى على الخوف؟
الخوف هو مِن أهمّ أسباب التبلُّد، والانكماش، والتقوقع.. إنه يغلِق نوافذنا الداخلية، يجعلنا في حالة اضطراب دائم، فيُفقدنا روح المبادرة.. والخوف هو أهمّ محرِّك للسلوك العنفي.. وهو الذي يحفِّزنا لكي نبقى ضِمن القطيع كردَّة فعل طبيعية على وجود خطر خارجي يهدِّدنا.

..

فنصبح سَلِسي القيادة كالأغنام..
نلجأُ إلى القطيع..
نلجأُ إلى الرعيان..
طلبًا للأمان..

ماذا يعني أن نتربّى على الحقد؟
إن الحقد هو عبارة عن أنماط فكرية مشبَّعة بعاطفة سلبية تجتاحنا، فنفقد القدرة على التفكير العقلاني المجرَّد..
والحقد هو اضطراب عاطفي تدميري متأزِّم يُفقدنا القدرة على الحبّ، حبّ الحياة بكلّ مساراتها.. وهو عاطفة سلبية مشحونة بالسموم، فتعيش داخلنا لتقتلنا قبل أن نقتل غيرنا..

ماذا يعني أن نتربّى على أننا ضحايا؟
إن اعتبار مجموعة من الناس لذاتها بأنها "ضحية"، يولد إدراكًا عامًا بأن الألم المشترك، والمصير المشترك، يولِّدان عصبية مشترَكة لا

تُخترق.. وبالتالي يقوّي النعرة القطيعية للفرد. وهذه النعرة تسهم في طاعته المطلقة للقيّمين على مجتمعه، والتمرُّد المطلق على تفرُّده الصحّي لذاته الحقيقية.

إن أهمّ آلية سيكولوجية لتبرير أيِّ عمل عنفي تسمّى "آلية الدفاع" (Defense Mechanism). فمن خلال هذه الآلية يُبرِّر المجرم لنفسه أن ما سيُقدم عليه هو عمل خيِّر، ويصوِّر لنفسه على أنه ضحية تقوم بعمل "دفاعي"، "وقائي". أو كردٍّ فعل مبرَّر تقوم به "ضحية" على "جلّادها" الذي "لا يرحم"..

ماذا يعني أن نتربَّى على أن نكون أشخاصًا "خائفين"، و"حاقدين"، ونشعر بأننا "ضحايا الآخرين"، وفي الوقت عينه، بأننا أشخاص "مختارون من السماء" على أساس أننا من "أخيَر الأعراق" أو من "أنقى السلالات" أو من "أفضل الأمم"؟

هذا يعني أن شخصًا كهذا قد خسر الإنسان الذي بداخله..
وتحوَّل إلى شخص مضطرب يعاني انفصامًا داخليًا..
يتعاطى بطريقة فصامية ومزدوجة مع الحياة فيقسمها إلى جزأين:
الأول داخلي:
أنا من "شعب الله المختار"..
وأنا على حق..
أُمثِّل الخير..
ما أعرفه هو الحقيقة المطلقة..
والثاني خارجي:
إنهم ظالمون، قهّارون، جلّادون، مستغِلّون..
إنهم على باطل..

يمثِّلون الشر..
مزوِّرو الحقائق..
أتباع الشيطان..
..
ماذا يعني أن نتربَّى على مقولة أن الآخرين ليسوا بشرًا، ويتوجَّب نزع "صفة الإنسانية" عنهم، وأن نعتبرهم مجرَّد "أشياء قذرة" يتوجَّب إزالتها من الوجود؟

هذا يعني أننا لن نتردَّد في ممارسة كلّ أنواع عقَدنا السادية ضدهم..
بشكل "مبرَّر دائمًا"، ودون رحمة، أو شعور بالذنب..
ولماذا الشعور بالذنب؟!
إنهم "ليسوا بشرًا" ولا يمتُّون إلى الإنسانية بِصلة..
إنهم مجرَّد "أرقام"، "أشياء"، و"أهداف" يجب تدميرها.
..
وبعد كلّ هذه التربية التي نتلقَّاها منذ آلاف السنين..
ونتعلَّمها في معظم الدول والمجتمعات، والقبائل، على اختلافها..
يتخرَّج الفرد منا:
شخصًا تافهًا في الأرض..
و"مناضلاً" من أجل "السماء"..
شخصًا مضطربًا، ضعيفًا، لا يقوى على حبّ مقوِّمات الحياة..
شخصًا مشبَّعًا بحبّ الموت..
يشنُّ حربًا هنا، ويفجِّر حقده هناك..
شخصًا مستعبَدًا، ومستَلبًا..
يحمل ذاتًا مزيَّفة، لا تقوى على الإبداع..
ذاتًا مقلِّدة حتى التماهي..

ذاتًا تابعة حتى العبودية..
ذاتًا مطيعة حتى الذوبان..
ويبقى شخصًا مسلوب العقل الحرّ المشاغب..
أي شخصًا نمطيًّا يمكن قيادته بسهولة.

العقيدة "النموذجية"/ إلى "المناضل النموذجي"

إلى "المناضل النموذجي"

يا أيُّها "المناضل النموذجي"..

منذ فجر التاريخ وأنت تخوض معاركك على أساس أنك :

"المدافع عن السماء"، و"المناضل من أجلها"..

هذا ما أخبرتنا به أنت وأعداؤك من كلّ نحو وصوب..

أعداؤك الذين يدَّعون أيضًا بأنهم "المدافعون عن السماء"..

والمناضلون من أجلها"..

من نصدِّق منكم أيها المناضل "النموذجي" أنصدقك أنت أم نصدق

أعداءك "النموذجيين"؟

..

من قال لك أيُّها المُدافع أن الله تعالى "بحاجة" إلى حماية أو إلى الدفاع

عنه؟!

كيف يكون من (ليس كمثله شيء) بحاجة إلى "شيء"؟!

وكيف يكون المطلق "بحاجة" أو "ناقصًا" أصلاً؟!

فإذا كنت ترى المطلق "بحاجة"..

فهذا يعني أنك لا ترى المطلق في المطلق..

بل تراه من خلال نسبيَّتك "النموذجية"..

165

..

من طلب منك أصلاً "يا حامي السماء" أن "تحمي السماء"؟

من كلَّفك بهذه المهمَّة؟!

فأنت لا تستطيع أن تحمي نفسك من نفسك على الأرض..

فكيف يمكنك "حماية السماء"؟!

السماء ليست "بحاجة" إلى "حمايتك"..

أنت فقط من هو بحاجة إلى الحماية..

فمن خلال هذه المهمَّة التي أوكلت نفسك بها:

مهمَّة "حماية السماء من الخطر"..

أصبحت مهمَّتك خطرًا على كلّ من لا يشبهك..

..

من سمح لك بافتتاح "سفارات" على الأرض باسم السماء؟!

ومن عيَّنك سفيرًا وقنصلاً وملحقًا تجاريًا، وملحقًا عسكريًا في "سفارات السماء" الأرضية"؟!

من قدَّم أوراق اعتِمادك في هذه السفارات؟!

من طلب منك أن تكون "حارس مرماها"..

لتصدّ هجمات "أعدائها" عن "مرماها"؟!

..

أنت لا تعرف من أنت..

فكيف يمكن لمن لا يعرف ذاته أن يعرف غيره؟!

من أعطاك صفة القاضي الذي يصنِّف الآخرين..

ويُلصق بهم تهمة "الأشرار"..

ويحاكمهم على هذا الأساس؟!

من أين لك هذه "الحكمة"؟

فأنت من خلال "نموذجيَّتك" ترحم من تشاء..

وترجم من تشاء..

وبذلك تحقِّق عدالتك "النموذجية" النسبية..

ولا تحقِّق عدالة السماء..

..

أنت تقول إن أعداءك هم "أعداء السماء"..

وأعداؤك يقولون إنك من "أعداء السماء"..

وخضتم الحروب والنزاعات معًا تحت شعار مقاتلة "أعداء السماء"..

والسماء منك، ومن أعدائك، براء..

وبالمناسبة، من أخبرك أن للمطلق "أعداء"؟!

كيف يكون للمطلق عدوّ يقابله، أو ينافسه، أو يعاديه؟!

المطلق، هو خارج الزمان والمكان، الليل والنهار، الماضي والمستقبل، الأبيض والأسود، خارج التحالفات والعداوات.. فكلّ ما ذكر هو تضاد نسبي محدود.. أمَّا المطلق فهو يتعدَّاهم جميعًا..

..

الكون كله بنيَ على الحبّ، من أصغر جزيء ما تحت الذرِّي.. إلى أكبر مجرَّة في هذا الكون الشاسع الواسع، المتناهي في الصغر والكبر..

والله محبَّة.. وأنت لا تملك إلا البغض الذي يقتُلك كلما قتلت الحبّ بداخلك، وكلما حوَّلت نفسك إلى آلة بغض مدمِّرة..

كيف "أنسنت" المطلق وصوَّرته "حقودًا، باطشًا، عصبيًّا، متناقضًا، مربكًا، وانفعاليًّا، ومزاجيًّا.."؟! والمطلق براء من هذا التشبيه..

..

كيف أسَّست أنت ومن تقاتلهم قبائل، ومؤسَّسات، وجمعيَّات، وهيئات، وشركات، ودولاً، وميليشيات، وجيوشاً باسمه؟!

وكلّ مؤسَّساتك لم تنتج إلا الموت والدمار في العصور والحضارات والأماكن والأزمنة كافَّة..

كيف خضت الحروب ومارست مختلف أنواع جرائم الحرب باسمه؟!

..

هذا ما رأيته منك ومن أعدائك آلاف المرَّات في كلّ زمان ومكان..

من تقاتله "دفاعًا عن السماء" يشكِّل خطرًا على مصالحك أنت، وعلى مصالح أسيادك، وحلفائك.. ولا يشكِّل "خطرًا على السماء"..

..

الله منحك الحياة لتحياها في سبيله..

وأنت قدمت له الموت في سبيلك..

..

الله قدم لك الحبّ لتعزِّزه في روحك..

وأنت رددته كرهًا للآخرين وخوفًا منهم..

..

الكره والخوف، وطبعًا الموت، هي كلّ ما استطعت تقديمه..

لأن الميت لا ينتج إلا الموت..

..

فكيف تقتل أحدًا حبًّا بأحد؟!

ما هذه المعادلة المريضة؟!

كيف يمكن لأحد، يدَّعي أنه، مغمورٌ بحب الله.. أن يكره ويحقد..؟!

كيف يمكن لخلية تدّعي حبّها للجسد أن تعلن الحرب على خلايا أُخرى في هذا الجسد؟

وأنت تنسى دائمًا أنك مجرَّد خلية في جسد هذا الكون..

..

منذ آلاف السنين وإلى يومنا هذا..

وعلى مَرّ العصور..

وفي كلّ الحضارات..

بقيتَ أنت كما كنت عليه..

أنت لم تتغيَّر..

وأفعالك لم تتغيَّر..

ومنتجاتك، وحروبك، وأفكارك، ومؤسَّساتك لم تتغيَّر..

في كلّ الأزمنة والأمكنة كنت موجودًا، وفاعلاً، ومؤثِّرا، ومنتجًا لجرائم الحقد، والجهل، والتبعية، والتعصُّب، والكراهية كافة..

أنت لم تتغيَّر رغم تغيُّر انتمائك الديني، الطائفي، المذهبي، السياسي، العرقي، القومي، الجنسي، والعقائدي..

بقيتَ "نموذجيًا" كما كنت: العوارض ذاتها والمرض ذاته.. والنتائج ذاتها..

فشكرًا لك ولأعدائك.. على كلّ ما فعلتموه في الماضي.. وما تفعلونه في الحاضر.. وطبعًا، ما ستفعلونه في المستقبل.

حَرِّر ذاتَك.. مِنك

الإدراك "النموذجي"

الإدراك "النموذجي"/ (البارادايم) (Paradigm)

(البارادايم) (Paradigm)

يمكن ترجمة مصطلح Paradigm بأنه ("النموذج" الفكري) أو ("النموذج" الإدراكي)، وقد ظهرت هذه الكلمة منذ أواخر الستينيات من القرن العشرين، في اللغة الإنجليزية بمفهوم جديد ليشير إلى أيِّ (نمط تفكير) ضِمن أيٍّ تخصص علمي، أو موضوع متصل بنظرية المعرقة، أو (الإبستيمولوجيا). ويُعرف قاموس أُكسفورد كلمة (بارادايم) على أنها: (طابع) أو (نموذج) أو (مثال)[*].

يشمل (البارادايم) الخبرات والمعتقدات والثقافة التي يمتلكها شخص ما، والتي تشكِّل (الكادر) الفكري لديه. فبعضهم يشبِّهون البارادايم بالمصنع، بينما تُعتبَر الصور والقوالب الذهنية منتجات هذا المصنع.

و(البارادايم) هو الآلية النمطية التي ندرك بها العالم المحيط ونحكم عليه من خلالها. وتقوم هذه الآلية برسم الحدود الذهنية التي يسير داخلها الإنسان والتي تحكم تصرُّفاته في الحياة.

(للبارادايم) مساران: مسار فردي، ومسار جمعي. فكما أن (البارادايم) يشمل الخبرات والمعتقدات والثقافة الفردية، كذلك يطبَّق (البارادايم) على الصعيد الجمعي من خلال الوعي الجماعي الذي يربَّى على نظم ومعتقدات

(*) موسوعة ويكيبيديا العربية.

دينية، وفكرية، واجتماعية، منمَّطة تحوي طابعها المشترك بين كلّ أفراد الجماعة.

و(البارادايم) يشبه النظَّارة الشمسية الملوَّنة التي تلوِّن العالَم المدرَك بلونها الخاصّ. مما تجعل لابس النظَّارة يرى الأمور على غير حقيقتها. فقد يختلف شخصان، يضعان نظَّارات شمسية ملونة بألوان مختلفة، في تحديد حقيقة لون شيء. فكلّ شخص "متأكد" من جانبه بأنه يرى لون الحائط بلون نظَّارته الخاصّ (أي بارادايمه الخاصّ). وقد يستغرب أحدهما لماذا "يرى" الآخر هذا الشيء بلون آخر.

قام باحثون في جامعة هارفارد بتجربة(*) مثيرة على هرَّتين. عندما وُلدتا فُصلت إحداهما عن الأخرى وعن العالَم العاديّ، بحيث وُضعت الأولى في غرفة مطلية كلّها بخطوط عمودية متوازية، والثانية وُضعت في غرفة مطلية بخطوط أُفقية متوازية. عاشت الهرَّتان فترة من الزمن في هاتين الغرفتين ثم قام الباحثون بإعادتهما إلى العالَم العادي.

كانت النتيجة مذهلة بحيث أن الهرَّة التي عاشت في غرفة الخطوط العمودية، لم تستطع أن ترى أيّ شيء ذا شكل أُفقي. أمَّا الهرَّة التي عاشت في غرفة الخطوط الأفقية، فلم تستطع أن ترى أيَّ شيء ذا شكل عمودي. فكلّ هرَّة أصبح لها (بارادايمها) الخاصّ بها الذي يمثِّل رؤية منقوصة لعالمها المحيط.

وهذا ما قد يحصل في آلية التأطير الاجتماعي. هذه الآلية التي تبني (بارادايمها) المشترك، وتزرعه بأفراد المجتمع الذي تنتمي إليه. بحيث يتبرمج جميع أفراده وفق منظومة مشتركة من المعتقدات، والقيَم الاجتماعية، والأعراف، والتقاليد، ويدخلون ضِمن هذا (البارادايم) الجمعي أو "الصندوق الذهني الاجتماعي". وهكذا يصبح أفراد المجتمع متشابهين من خلال بارادايمهم

(*) هذه التجربة المهمَّة سبق وذكرتها في كتابي مِن مسيَّر.. إلى مخيَّر ولتطابقها مع هذا الباب قمت بإضافتها في هذا الكتاب. (المؤلّف)

الموحَّد. لكنهم يصبحون، في الوقت عينه، مختلفين جذريًّا مع أفراد مجتمعات أُخرى لها "صناديق ذهنية" خاصَّة بها، ومختلفة عن (بارادايمهم). وهذا ما يؤدِّي إلى الصراعات بين المجتمعات، الدول، العقائد، المذاهب الفكرية، والدينية المختلفة.

النمطيُّون يبقون دائمًا داخل "الصندوق الذهني الاجتماعي" ويعتبرون أن حدود العقل هي حدود هذا الصندوق الموجودون داخله. ويؤمنون بأن أيّ أفكار، أو مبادئ، أو قيَم جديدة خارجة عن صندوقهم الذهني هي خطر على مبادئِهم.. ويجب محاربتها والقضاء عليها.

أمَّا المبدعون، فهم الوحيدون الذين يستطيعون الخروج من الصندوق الذهني لمجتمعاتهم، فيرون عالَمًا مختلفًا عما في داخل الصندوق. والفنان الحقيقي المبدع هو من يخرج من صندوقه الذهني، ويجمع الجمال من خارجه، ويعود إلى الصندوق، محمَّلاً بإبداعاته التي أتى بها من خارج الصندوق.

وقد شهد التاريخ، القديم والحديث، ما حلّ بالمبدعين الذين تجرَّأوا على نقد البارادايم السائد في زمانهم، وساهموا في تطوير القيَم والمعتقدات والأفكار في مجتمعاتهم. وهذا ما حصل مع الأنبياء، والعلماء، والمفكِّرين، والفنانين، والإصلاحيِّين، والمتنوِّرين وغيرهم من المبدعين.

لقد كشفت الدراسات أن الموسيقى التي تريحُنا ليست الكلاسيكية أو الموسيقى الهادئة، إنما الموسيقى التي تعوَّدنا سماعها منذ زمن. فليس هنالك موسيقى جيِّدة بالمطلق أو سيِّئة بالمطلق، بل هنالك مستمع يختار الموسيقى التي "تعجبه". وما "يعجبه" هو الموسيقى التي تعوَّد سماعها و"أَلِفها"، وليس لأنها "الأفضل" من الناحية الفنية.

هذا ما ينطبق أيضًا على الفكر والعقيدة، فكلّ الأفكار النمطية، والعقائد المتراكمة، التي تربَّينا عليها، تريحنا، وقد نعتبرها "الأحسن"، و"الأنسب"..

لأننا، بكلّ بساطة، "ألِفناها" بحكم التكرار والتربية، وليس بالضرورة لأنها "الأفضل".

ويُقال: "القرد، بعين أُمه، غزال".. وهو مثل صحيح بالمبدأ. فنحن نحب أولادنا، ونراهم "أجمل" الأولاد على الإطلاق ليس لأنهم كذلك، بل لأنهم بكلّ بساطة "أولادنا"، ولأننا نحبُّهم، نراهم هكذا.. فحتى عاطفة الأم خاضعة لمعايير الانتماء.. فالأم تُحبّ أولادها وتُفضِّلهم عن غيرهم، لأنهم "أولادها" وليس "لإعجابها" بخصائصهم الشخصية.

الإدراك "النموذجي"/ ضفدعة البئر

ضفدعةُ البئر

"كانت ضفدعة صغيرة تعيش في بئر منذ زمن بعيد. فقد وُلدت، وبقيَت فيها. وذات يوم سقطت في البئر ضفدعة أُخرى كانت تعيش على شاطئ البحر. فدار بينهما الحوار التالي:

- من أين أتيت؟
- من شاطئ البحر.
- البحر؟!... هل هو كبير؟
- أُوه! طبعًا إنه كبيرٌ جدًّا...
- تعني أنه كبير بحجم هذه البئر التي أعيش فيها؟

فأجابتها ضفدعة البحر:

- كيف يمكنك يا صديقتي أن تقارِني البحر بهذه البئر؟!

عندئذ استغرقت ضفدعة البئر في تفكير عميق.. ثم قالت بينها وبين نفسها: "إن هذه الضفدعة الغريبة تكذب عليّ، وتريد أن تتلاعب بعقلي.. فيجب أن أطردها من بئري فورًا(*).

(*) رامًا كريشنا، الحقائق الروحية، ص 72.

الإدراك "النموذجي"/ مصفوفة المعتقدات

مصفوفة المعتقدات

إن مصفوفة معتقداتنا تحوي كمًّا هائلاً من المعتقدات الدينية والإيديولوجية، والقيَم والقوانين والأعراف الاجتماعية، ومن آرائنا بأنفسنا وبغيرنا، وثقافتنا، إضافة إلى تجاربنا الحياتية الخاصَّة التي قمنا بتقييمها وإدراكها (نسبيًّا) من خلال تأثير هذه المصفوفة علينا.

ومن الحريِّ القول إن برمجتنا الكاملة تمَّت من خلال البرامج التي تحويها هذه المصفوفة. علمًا أن هذه البرامج هي معلومات نسبية ومكتسبة، نتلقَّاها من قِبل مجتمعنا بكلّ ما يمثِّله من عناصر. وليس لنا أيّ دور أساسي فيها إلا دور المتلقِّي، والحافظ، والمطيع، والراضخ، والمبرمَج، والمنفِّذ، والناقل، بغضّ النظر عن صحَّة، أو عدم صحَّة مصفوفة المعتقدات هذه. وتختلف هذه المصفوفة باختلاف المجتمعات والأزمان وفقًا لمصالح القيِّمين على هذه المجتمعات. فلا يهمّ القيِّمين ما إذا كانت هذه المصفوفة تخدم إنسانية الفرد أم لا. المهم عندهم هو مدى خدمتها لمصالحهم السياسية، والاقتصادية فقط .

وبذلك نكون قد وُضعنا في سجن فكري - نفسي لا يقبل الخرق، محاط بأسوار عالية من المعتقدات المعلَّبة، والأحكام المسبقة، والأفكار المجترَّة، والتصرُّفات المبنية على التقليد، والنقل.. وغياب العقل.

وبهذه الطريقة نصبح أُناسًا نمطيِّين، و"نموذجيِّين" كما يجب.. نشبه أعضاء

"عشيرتنا" على مستوى "البنى التحتية النفسية والفكرية والإدراكية" التي تحكم تصرُّفاتنا ومسلكنا في الحياة. وبدل أن نحيا حياتنا التي نريدها، ندخل كشخصيَّات مزيَّفة إلى معرض الشخصيَّات الاجتماعية. وتتبارى "شخصيَّاتنا" في مباريات الشخصيَّات الاجتماعية المزيَّفة "لنثبت" للجميع (ما عدا لأنفسنا) بأننا "الأفضل"، "الأجمل"، "الأقوى"، "الأظرف"، "الألطف"، "الأغنى"، "الأذكى"، و"الأكثر تديُّنًا".. بحسب "الطلب" في "السوق". وطبعًا في "سوق الشخصيَّات" هذه التي تخضع لقانون "العرض والطلب"، نتنافس جميعًا لنكون "بالمستوى المطلوب" و"المقبول" اجتماعيًا ليزداد "سعرنا" في "سوق الشخصيَّات". ولزيادة "قيمتنا" في هذه "السوق"، علينا أن "نشبه" الشخصية "النموذجية" المثالية التي يسوِّقها أرباب المجتمعات. وهذه "الشخصية" تناسب طموحات "السوق" ومعاييره، على حساب طموحاتنا الإنسانية المتفرِّدة والحرَّة. ففي "سوق الشخصيَّات" يتهافت الجميع على "الدارج". و"الدارج" يتحدَّد ضِمن أجندة ظرفية تخضع لما يتطابق مع المنظومة الاجتماعية ومصالحها الآنية.

جميعنا لدينا ملاحظات بشأن طرق تعاطي أهلنا وأجدادنا ومجتمعاتنا. وقد نكتب عنهم مجلَّدات من النقد الموضوعي. نسجِّل فيها أفعالاً وآراء وطريقة عيش لا نتقبَّلها مطلقًا. لكنّنا، في الوقت عينه، قمنا بتقبُّل مصفوفة معتقداتهم - كما هي- من خلال التربية التي ساهم فيها كلّ من: الأسرة، الجيرة، المدرسة، الجامعة، رجال الدين، العمل، الإعلام، الإعلان.. ونرى أنفسنا -في الوقت عينه- نفكِّر، ونتصرَّف، كما يريدوننا أن نكون، لا كما نريد نحن. وإذا فعلنا غير ذلك، وتبعنا عفويَّتنا، نكون قد حكمنا على "شخصيَّتنا" الاجتماعية "بالكساد" في "سوق الشخصيَّات".

الإدراك "النموذجي"/ المرآة

المرآة

في قديم الزمان، وبينما كان إيريكو يتسوَّق، التقى تاجراً صينياً قال لإيريكو: "عندي لك شيء مذهل". وبطريقة غامضة، أخرج التاجر من الصندوق شيئًا مستديرًا ومستويًا مغطًّى بقماش من الحرير. وضعه بين يدي إيريكو، وسحب الغطاء باحتراس.. انحنى إيريكو فوق السطح الثقيل واللَّامع، فرأى فيه صورة والده، مثلما كان أيَّام صباه. صرخ مضطربًا: "يا له من شيء سحري!"

- "نعم"، قال التاجر، يسمُّون هذا الشيء (مرآة).

اشترى إيريكو المرآة وقال للتاجر: "سآخذ صورة أبي إلى البيت".

ما إن وصل إلى البيت، حتى توجَّه إيريكو إلى السقيفة، وخبَّأ فيها صورة والده داخل الصندوق خفية عن زوجته، التي كانت تكره أباه..

في الأيَّام التالية، بدأ إيريكو يتوارى، فيصعد إلى السقيفة، ويُخرج المرآة السحرِّية من الصندوق، ويمضي لحظات طويلة في تأمُّل صورة والده. وسرعان ما لاحظت زوجته تصرُّفاته الغريبة، فلحقت به ذات مرَّة. فرأته يصعد إلى السقيفة، ويفتِّش داخل الصندوق، ويُخرج منه شيئًا غير معروف، ثم ينظر فيه طويلاً، باستمتاع غريب، بعد ذلك، يغلِّف الشيء بقماشة، ويخفيه بحركات

ودودة. انتظرت حتى خرج، وفتحت الصندوق، واكتشفت هذا الشيء. نظرت في المرآة فرأت صورة "امرأة". ثارت غضبًا.. نزلت، ونهرت زوجها:

- "هكذا إذن، تخونني.. تصعد عشر مرَّات في اليوم إلى السقيفة لتنظر إلى امرأة غيري!"

- "لا، إطلاقًا"! رد إيريكو: "لم أشأ أن أُحدِّثك عن الأمر لأن والدي لا يروقك، غير أن صورته هي ما أنظر إليها كلّ يوم، وهذا يُريح قلبي".

- إنك تكذب عليّ، لقد رأيت ما رأيته! أنت تُخبئ صورة امرأة في السقيفة!

احتدمت المشاجرة، عندما ظهرت راهبة على باب المنزل. طلب الزوجان منها أن تحكم بينهما. صعدت الراهبة إلى السقيفة، وعادت:

قالت: "إنها راهبة!(*)"...

(*) من قصص الزنّ.

الإدراك "النموذجي"/ بين النقل.. والعقل

بين النقل.. والعقل

إننا غالبًا ما نفسِّر العالم المحيط من خلال إدراكنا النمطي للأُمور، ومن خلال اعتقاداتنا التي تربَّينا عليها. فنحن متورِّطون سلفًا في الأحكام المسبقة عند تفسيرنا لاختباراتنا التي نمرّ بها. وكلّ شيء يحدث في خارجنا نقوم بإسقاطه على برامج إدراكية مُعلَّبة "تلقـنَّاها" من خلال "التنويم المغناطيسي للتأطير الاجتماعي" الذي تُبنى عليه برمجتنا، من المهد.. إلى اللحد، من قِبل المجتمع، الطائفة، العشيرة، العائلة، الآباء، الأجداد، قادتنا، والمحيطين بنا.

ونحن عمومًا نسعى للحصول على "الأمان". فمعظمنا يعتقد أن سلامته الشخصية تعتمد على اتِّباع اختبارات السلف، والتعلُّم منها، وتقليدها، لأنها "مجرَّبة" و"آمنة".

ومعظمنا يعتقد أن أيَّ تجربة نحاول أن نخرج بها عن التعاطي النمطي، المكتسَب من الآخرين، قد تُعرضنا "للخطر"، نظرًا لعدم تمكُّننا من حصر نتائجها، إذا ما تعاطينا معها بطُرق مختلفة عن "الشائع" و"السائد" و"الموضَّب" مسبقًا.

كان بعض الأشخاص يقومون برحلة بسيَّارتهم في إحدى القرى الجبلية في ليلة يسودها الظَّلام والضباب. كان الظَّلام حالكًا، والضباب كثيفًا، لدرجة لا

تسمح للأشخاص بالرؤية أكثر من مترين أمام مقدِّمة السيَّارة. فلحقوا بالضوء الخلفي لسيَّارة كانت تسير أمامهم. وكيفما ذهبت السيَّارة التي أمامهم كانوا يتبعونها.. إلى أن اختفت السيارة من أمامهم فجأة.. فاصطدموا بها.. نزل الأشخاص غاضبين من السيَّارة الخلفية، وسألوا سائق السيَّارة الأمامية:

"هل جننت..!؟ لماذا أطفأت أضواء سيَّارتك، وتوقفت بهذا الشكل المفاجئ..!؟

فقال لهم:

"بكلّ بساطة، لأنني وصلتُ إلى مرأب منزلي".

تعلّمنا هذه القصَّة الطريفة، التي حدثت فعلاً، أننا حين نعتمد على تجربة الآخرين، وليس على تجربتنا الشخصية، قد نصل إلى حيث يريده الآخرون، وليس إلى ما نريده نحن. فكما حدث في هذه القصَّة، إن السير على طريق الآخرين، بتبعية عمياء، قد توصلنا إلى منزلهم، ولا توصلنا إلى منزلنا. وحين نعلِّب اختبارات الآخرين ونجعلها معادلاتنا الثابتة التي نسير عليها، نكون قد حرمنا أنفسنا من أن نعيش تجاربنا الشخصية، وبالتالي نعيش تجربة الآخرين وليس تجربتنا نحن. فالانقياد الأعمى لتقليد الأنماط السائدة، والمهيمنة، والمعادلات الثابتة، سعيًا "للأمان" الزائف، قد يسبِّب لنا المتاعب أكثر بكثير من "الخطر" الذي قد نتعرَّض له إذا اعتمدنا على اتِّباع طريقتنا الخاصَّة في مواجهة تجاربنا الحياتية.

الإدراك "النموذجي"/ القرود

القرود

وَضعت مجموعة من العلماء خمسة قرود في قفص، وفي وسط القفص سلَّمًا، ووضعوا في أعلى السلَّم، بعض الموز. وقد فرض العلماء على القرود في القفص معادلة تقول:

"في كلّ محاولة يقوم بها أحد القرود لتسلُّق السلَّم وأخذ الموز، يرشّ العلماء باقي القرود بالماء الساخن".

وبعد عدَّة مرَّات من تطبيق العلماء لهذه المعادلة، أصبح كلّ قرد يحاول الاقتراب من السلَّم لأخذ الموز، يتعرَّض للضرب والمنع عن الصعود من قِبل القرود الأخرى كي لا تتعرَّض، كالعادة، للرشّ بالماء الساخن.

بعد مدة، لم يجرؤ أيّ قرد على صعود السلَّم لأخذ الموز، بالرغم من كلّ الإغراءات، خوفًا من التعرُّض للماء الساخن.

بعد ذلك، قرَّر العلماء أن يقوموا بتبديل أحد القرود الخمسة، وأن يضعوا مكانه قردًا جديدًا. وطبعًا، قام القرد الجديد بمحاولته لصعود السلَّم لأخذ الموز، لكنه تعرَّض للضرب من قِبل القرود الأربعة الأخرى وأنزلته بالقوَّة عن السلَّم. وبعد عدَّة محاولات فاشلة منه وتعرُّضه لعدة جولات من الضرب، "فَهِم" القرد الجديد بأن عليه أن لا يصعد السلَّم، دون أن يدري ما السبب.

ثم قام العلماء أيضا بتبديل أحد القرود القديمة بقرد جديد، فأصابه ما

أصاب القرد البديل الأول. واللافت أن القرد البديل الأوّل شارك زملاءه بالضرب، وهو (لا يدري لماذا يَضرب).. وكرّر العلماء تبديل القرود القديمة بقرود جديدة، واحدًا.. واحدًا، وحصل مع كلّ واحد منها الأمر نفسه.. حتى تمّ تبديل جميع القرود الخمسة الأولى بقرود جديدة، إلى أن أصبح في القفص خمسة قرود لم يُرشّ عليها ماءٌ ساخن بتاتاً.. ومع ذلك استمرَّت القرود تضرب أيّ قرد تسوِّل له نفسه صعود السلَّم دون أن تعرف هي ما السبب.

وإذا سألنا القرود وأبناءها وأحفادها لماذا تضرب القرد الذي يصعد السلَّم؟

ستقول لنا بالطبع:

هذه هي العادات والتقاليد والأعراف والتعاليم التي تربَّينا عليها..

وهذا ما كان يفعله آباؤنا وأجدادنا منذ القِدم..

وعلينا أن نسير على خطاهم لكي نحافظ على "قدسيَّة" تعاليمنا وتقاليدنا، وبالتالي الحفاظ على مجتمعنا..

ونحن مؤمنون بأن ما نفعله هو الصحيح..

ومن لا يشاركنا في هذه التقاليد يُعتبر "مجنونًا"، "خائنًا"، و"غير طبيعي"..

لأن مجتمعنا طبعًا هو "مثال الطبيعية"..

لذلك، علينا حمايته من المخرِّبين الذين يريدون تغيير عاداتنا وقيَمنا التي هي:

شرفنا، وكرامتنا، وهويَّتنا، ومجدنا، وتراثنا من غابر الأزمان.. إلى الآن..

وقد يقف من بين هذه القرود مُنظِّر فذّ يشرح لنا بشكل "عقلاني" المنطق من الالتزام بهذه التعاليم، وفوائد تطبيقها، كما هي، لأنها "مفيدة" للصحَّة و"لحالتنا الروحية"، والمضارّ المتأتِّية من جرَّاء عدم تطبيقها على المجتمع ككل، وعلى الفرد المهمِل لها بشكل خاصّ..

..

وقد يَظهر من بين هذه القرود قرد "جليل" فيجعل لهذه التقاليد عيدًا كلّ شهر، أو فصل، أو سنة بحيث تُمارَس كشعائر وطقوس بشكل دائم حفاظًا على استمرار "نقاء" هذه "المعرفة".

الإدراك "النموذجي"/ النافذة

النافذة

انتقل زوجان إلى منزل جديد. وعندما كانا يتناولان القهوة كالمعتاد، قالت الزوجة :

- أُنظر من النافذة إلى غسيل جيراننا كم هو وسخ، يبدو أنَّهم يستعملون منظِّفًا رديئًا، أو أنَّهم لا يهتمون بالنظافة مطلقًا، كيف يمكننا أن نعيش مع جيران متخلِّفين لا يحترمون معايير النظافة ؟

وفي اليوم التالي، وعندما كانا يتناولان القهوة، لاحظَت الزوجة أن غسيل جيرانها أصبح نظيفًا تمامًا فقالت لزوجها :

- أُنظر إلى غسيل جيراننا، يبدو أنهم أعادوا تنظيفه، لقد أصبح ناصع البياض، أليس هذا مستغرَبًا؟

ابتسم الزوج وقال لها :

- لقد قمت في الصباح الباكر يا عزيزتي بتنظيف زجاج نافذتنا.

(مجهول المصدر)

"نماذج" من المجتمع "النموذجي"

حَرِّر ذاتَك.. مِنك

"نماذج" من المجتمع "النموذجي"/ الألقاب الاجتماعية

الألقاب الاجتماعية

يُوزِّع المجتمع ألقابًا على أفراده لتصنيفهم وتحديدهم، وتكريمهم، وإذلالهم، أو معاقبتهم.. فنرى "المهندس"، و"التقي"، و"النقي"، و"الشجاع"، و"البطل"، والعانس، و"ابن الحلال"، و"ابن الحرام"، و"الأم"، و"الأب"... علمًا أنه لا يُمكن لأحد حصل على هذا اللقب أن يكون دائمًا بمستواه. لأن مدى الإنسان يبدأ من اللّامحدود السلبي، إلى اللّامحدود الإيجابي. والإنسان يتنقل من موقع إلى آخر ضِمن قطبي اللّامحدود. وما يحدد موقعه ومساره هو مدى الضَعف الداخلي أو القوَّة الداخلية التي يتحلّى بها إنسان ما في كلّ لحظة.

فليس كلّ "مهندس" يستحقّ دائمًا لقب "مهندس"، ولا كلّ "مؤمن"، أو "بطل".. بمستوى لقبه، وحتى كلّ "إنسان" لا يستحقّ دائمًا لقب "إنسان".

فقد جرت العادة في مجتمعاتنا العربية استخدام لقب "السيِّد" فلان "المحترم". وكلمة "السيِّد" تعني "المسيطِر"، "المهيمِن"، "الحرّ". لكن ما يدعو للاستغراب هو أن هذه الكلمة أصبحت تُطلق على الجميع بغضّ النظر عن مدى "سيطرة" أو "هيمنة" أو "حرِّية" الملقَّب.

فمعظم "السادة" هم من المسيطر عليهم ثقافيًا، اجتماعيًا، دينيًّا، قوميًا، اقتصاديًّا، وسياسيًّا..

ومعظم "السادة" هم من المُهيمَن عليهم من خلال الإعلام.. والرأي العامّ..

ومعظم "السادة" هم "عبيد" التقاليد، والأعراف، والمعتقدات الباليَة التي قُدِّمت لهم معلَّبة، جاهزة، على طبق "النقل" الذي يحوي كلّ شيء.. إلا "العقل".

ومعظم "السادة" هم "عبيد" أنفسهم، وضحاياها، وجلّادوها في الوقت عينه.

ومعظم "السادة" "المحترمين" لا يحترمون الحياة، والحياة بدورها لا تحترمهم..

ولا يحترمون ذاتهم الحقيقية، وذاتهم بدورها لا تحترمهم..

لأنهم ليسوا من يمثّلها..

وقد لا يستحقّون "الاحترام" حتى من قِبل أقرب المقرَّبين إليهم..

ومعظم "السادة المحترمين" يفشلون دائمًا في أن يكونوا "سادة"..

ويَفشلون دائمًا في الحصول على "الاحترام"..

لكنهم يَنجحون دائمًا في الحصول على.. "اللقب".

..

ومن المضحك المبكي هو أن الطفل المولود ضِمن إطار مؤسَّسة الزواج يُطلق عليه المجتمع لقب: "ابن حلال"..

أمَّا الطفل المولود نتيجة لعلاقة حبّ حقيقية لكنَّها خارج إطار مؤسَّسة الزواج يلقِّبه المجتمع: "ابن حرام"..

مع أن هنالك إمكانية لولادة طفل نتيجة (اغتصاب) أبيه لأُمِّه، ومع ذلك يسمِّيه المجتمع "ابن حلال"..

..

ومن سخرية القدر هو أن هناك الكثير.. الكثير من الأولاد يعيشون أيتامًا

(بالمعنى المجازي) مع أنّهم يَسكنون مع أُمَّهاتهم وآبائهم الأحياء، لكن المجتمع لا يصنِّفهم "أيتامًا"..

وهنالك العديد، العديد من الأهل يحيون دون (أبناء) مع أن أولادهم أحياء يُرزقون ويعيشون في كنف أهلهم..

..

وهنالك زوجات (أرامل) "يعشن نموذجيًّا" مع أزواجهنّ الأحياء في بيت واحد.. وهذا ينطبق أيضًا على الأزواج (الأرامل)..

..

وهناك نساء (عوانس) مع أنهنّ ملقَّبات اجتماعيًا بالمتزوِّجات وبالأمَّهات "النموذجيات"..

وهناك نساء يلقِّبهن المجتمع بالـ"عوانس" لأنّهنّ لم يتزوَّجن ومع ذلك لم يختبرن (العنوسة) في حياتهن..

..

وهناك (أُمَّهات)، بكلّ ما للكلمة من معنى، ومع ذلك، يُنكر مجتمعهن عليهن (أُمومتهن) لأنّهن لم يُنجبن في حياتهن..

كما أن هناك من يلقِّبهنّ المجتمع بالـ"أُمَّهات" مع أنّهنّ لم يختبرن الأمومة في حياتهنّ إلَّا من خلال آلام الحمل والولادة..

..

وهناك من يُلقبهم المجتمع بالـ"آباء" مع أنّهم لم يختبروا (الأبوة) في حياتهم إلَّا لكونهم "فقَّاسة مال" لأولادهم.

"نماذج" من المجتمع "النموذجي"/ الأطفال.. و"الناضجون" اجتماعيًا

الأطفال.. و"الناضجون" اجتماعيًا

أحد أهمّ الأخطاء التي يرتكبها الأهل مع أولادهم هو القيام باستنساخ أولادهم على شاكلتهم. فيحاولون الضغط بالوسائل "التربوية" كافةً لجعل أولادهم يحقِّقون ما فشلوا هم بتحقيقه. ومعظم الآباء والأمَّهات يَعتبرون أولادهم من ممتلكاتهم ومن مواردهم الخاصَّة، لذلك يسعون إلى حلّ إحباطاتهم الشخصية في الحياة من خلال استثمار أولادهم. ويفعلون ذلك ليس حبًّا بأولادهم، بل كرهًا وتعويضًا لفشلهم الشخصي في تحقيق ما كانوا يريدونه. وطبعًا: "الآباء يأكلون الحصرم.. والأبناء يُضرسون".
..

فالأهل "النموذجيون" لا يسمعون رأي أبنائهم، بل رأي الناس بأبنائهم..
ولا يرون طيبة أبنائهم الداخلية، بل "قوَّتهم" الجسدية و"حذاقتهم"..
ولا ينتبهون لذكاء أبنائهم العاطفي، بل لعلاماتهم المدرسية..
ولا يحترمون طبيعة الطفل ولا شخصه، بل يعلِّمونه "الاحترام"..
..

ومع أن الطفل أدرى من أهله بعالَمه..
فهم يفرضون عليه عالَمهم..
وعالَمهم هو عالَم "الكبار"..

ولا يحترمون عالَمه الخاصّ، عالَم "الصغار"..
وبما أن الطفل ليس الجانب "المسيطِر" في هذه المعادلة..
ينتصر دائمًا (عالَم "الكبار") على (عالَم "الصغار")..
وعندها يبدأُ "التدجين" الأسري، التربوي، الاجتماعي، السياسي...الخ

..

"فالناضجون النموذجيون" لا يتقبّلون حرِّية الطفل وعفويته في تصرُّفاته..
لأنها "تحرجهم" اجتماعيًا..

..

ولا يتقبّلون صِدقه، لأن صِدقه لا يتناسب مع (التزلُّف الاجتماعي)..
الذي يحترفه جميع "النموذجيين" في المجتمع دون استثناء..

..

ولا يتقبّلون عفويَّته، لأن عفويَّته تُهدِّد البروتوكولات المعتمَدة..
والموثَّقة بأعراف وقوانين تُشبه إلى حدّ بعيد قوانين الشحن البحري..

..

فيبقى "الناضجون" كالمومياء بلا حراك..
مانعين أنفسهم من التصرُّف على سجيَّتهم "الخاصَّة"..
ومقيَّدين بخوفهم من "النقد" الاجتماعي، ومن "كلام الناس"..
لذلك يلتزم "الناضجون" بـ"إشارات السير الاجتماعية"..
وليس "إشارات" ذاتهم الحقيقية، كما يفعل الأطفال..
"فإشارات السير" الاجتماعية "للناضجين" تُضاء وتُطفأ..
وتعمل دون الأخذ في الاعتبار "إشارات السير" الداخلية..
التي يتبعها الأطفال وغير "النموذجيين" فقط..
وعند مخالفة الطفل "لإشارة سير" اجتماعية يتلقّى مباشرة "ضبط مخالفة"..

..

لا يتقبَّل "الناضجون" الحرِّية، لأن "النموذجية" تتَّهم الحرِّية "بالفوضى"..
و"النموذجية" تتطلَّب بأن يكون كلّ شيء منظَّماً، ومقولباً، ومعلَّباً..
وحرِّية الطفل براء من القولبة والتعليب..

..

ولا يتقبَّلون جرأة الطفل، لأنَّه يعلن محبَّته، أو سخطه ببساطة..
يعلنها دون خوف أو مواربة لمن يحبُّه ومن لا يحبُّه..
والمجتمع يحبِّذ العلاقات "المقنَّعة" المبنية على "التكاذب" الاجتماعي..
لذلك يقوم المجتمع بكلّ ما يملك من إمكانيَّات وموارد..
لكي يكبح "جماح" الطفل الحرّ العفوي..
ليجعل هذا الطفل مواطنًا "صالحًا" وفردًا "نموذجيًا"، "ناضجًا"..
وبذلك يمكننا أن نُطلق على "الناضج" لقب: (الطفل المشوَّه بالنماذج).

"نماذج" من المجتمع "النموذجي"/ ماذا سيقوله عني الناس؟/ إلى كلّ من.. "يَعتقد"

ماذا سيقوله عني الناس؟

إلى كلّ من.. "يَعتقد"

إنك "تعتقد" بأنك "جميل"، لأن الآخرين يقولون عنك إنك "جميل"..
وإنك "تعتقد" بأنك "قبيح"، لأن الآخرين يقولون عنك إنك "قبيح"..
وحتى لو كنت بصحَّة جيِّدة، وأكّد لك الآخرون بأنك مريض، فسوف "تعتقد" بأنك مريض فتصبح مريضًا بالفعل..
وقد "تعتقد" بأن ذلك المنتَج هو الأفضل لك لأن الإعلان أدخله برأسك..
وقد "تعتقد" بأنك "واقع في الحبّ" لأن الآخرين أوحوا لك بذلك..
وقد "تعتقد" بأنك "على صواب" في كلّ شيء..
لأن الآخرين أخبروك بأنك "على صواب"..
وقد "تعتقد" بأن بعض الناس هم "مجرمون"..
وقد تكرههم، وتُعاديهم، وتُحاربهم، وتُقاتِلهم..
كلّ ذلك، لأن الآخرين أخبروك بأن أُولئك الناس "مجرمون"..

وقد "تعتقد".. و"تعتقد".. وتعيش حياتك وأنت "تعتقد"..

لكنك لن تكون أكثر من جثَّة "تعتقد"..

..

فالحقيقة ليست ما يقوله لنا الآخرون، بل هي في المعرفة الاختبارية..

فمهما أخبروك عن طعم الطماطم..

لن تعرف طعمه الحقيقي، إلا إذا اختبرته شخصيًّا من خلال قيامك بتذوُّقه ..

لأن الحقيقة ليست "اعتقادًا"، وهي لا تُعلَّم، ولا تُنقل..

ولأن الحقيقة لا توصف، ولا تُدرس..

بل تُعاش.

"نماذج" من المجتمع "النموذجي"/ ماذا سيقوله عنّي الناس؟/ إلى المتماهي مع آراء الناس

ماذا سيقوله عنّي الناس؟

الذوبان في آراء الناس

"الإنسان الكامل فقط هو من يستطيع أن يعيش بين أقرانه دون تقبُّل أذاهم. إنه يتأقلم معهم دون أن يفقد شخصيَّته. فهو لا يتعلَّم منهم شيئًا، ويعرف آمالهم دون أن يتبنَّاها لنفسه". (تشوانغ تسو).

إن ما نظنّ بأنه "نحن" ليس مجموع ما قاله الآخرون عنا..
وذاتنا المزيَّفة تتغذَّى بآراء الآخرين..
وهي تخشاهم، لأنها تعلم أن من أعطاها ألقابًا..
وشهادات حسن سلوك، وابتسامات إعجاب، ورضا..
يمكن أن يسحبها بهفوة واحدة منَّا..
فذاتنا المزيَّفة تتماثل معهم، ولا تعبِّر عنَّا نحن..
فهي صنيعتهم، وهم يسيطرون علينا من خلالها..
ويسيطرون علينا أيضًا من خلال مبدأ:
"ماذا سيقوله الناس عنِّي؟"

..

نقضي حياتنا ونحن نحمل وزر هذه الجملة:

"ماذا سيقوله الناس عنِّي؟"

نعيش حاملينها، ونموت حاملينها..

لنصبح ضحية آراء الآخرين..

ونغدو صنيعة الآخرين..

أصبحت حياتنا كلها مبنية على الغير وعلى معايير تقييمهم لنا..

أصبحنا ملزمين بمعادلة العَرض والطلب..

وتحوَّلنا من بشر إلى منتجات..

..

فيما يلي بعض عيِّنات للحوارات الداخلية "النموذجية" التي قد نتحادث بها مع أنفسنا:

ماذا سيقوله الناس عنِّي؟

هل أنا ما زلت ضِمن معاييرهم؟

هل جعلتهم مسرورين منِّي؟

هل تمكَّنتُ من بهرهم؟

..

لا أُريد إغضابهم..

لن أتحمَّل لومهم وتعنيفهم وعزلهم لي، واستهزاءَهم بي..

لن أحتمل تجاهلهم أو انتقاداتهم لي..

هم مصدر "استقراري وتوازني"..

أنا لا شيء بدونهم..

..

ماذا عليّ أن أفعل ليتقرَّبوا منِّي أكثر..

أنا دونهم أشعر بالوحدة القاتلة..

أُريدهم أن ينتبهوا لي..
أن يحبُّوني، أن يفهموني أكثر..
أن يشعروا بما أُحس..
..
مستعدّ أن أفعل المستحيل شرط أن أكون بحسب ما يتوقَّعونه منِّي..
وإذا لم أستطع أن أكون بمستوى توقُّعاتهم..
فلن أتردَّد في اللجوء إلى الكذب والخداع لكي أكون ضِمن معاييرهم..
..
أنا لا أُريد أن أُشبه ذاتي الحقيقية المتفرِّدة لأنها لا تشبههم..
ولأنها "غريبة" عن النمط والمعيار الاجتماعي الذي يتوقَّعونه منِّي..
ولأنهم يكرهون "الغرباء"..
أنا أُريد أن أُشبه الشخصية الأكثر طلبًا في السوق الاجتماعية..
وإذا لم أكن كذلك فلن يتقبَّلني أحد..
وهذا الوضع يرعبني..
سوف أفعل ما أستطيع كي أبقى "بحسب الأصول"..
سوف أكتم صراخ ذاتي الحقيقية..
ذاتي التي تطالبني بأن أكون على حقيقتي..
لأن تمسُّكي بتفرُّدي، يَعتبرونه عملاً عدائيًّا ضدهم..
..
أنا مبهور بالخارج، ولا أرى الداخل..
لأنهم غير موجودين في الداخل..
ولأنهم عودوني منذ طفولتي أن لا أرى سواهم..
فحين أكون أنا نفسي لن يروني، ولن يعترفوا بي..
لأنهم يرونني من خلال "معاييرهم"..
وذاتي الحقيقية ليست من ضِمن هذه "المعايير"..

ذاتي الحقيقية تعمل على "موجتي اللّاسلكية الخاصَّة بي"..
فلا يمكنني التواصل معهم إلا من خلال "انتقالي" إلى موجتهم المشترَكة..
أنا بالنسبة إليهم "غير موجود" حين أكون على موجتي اللّاسلكية الخاصَّة ..
أنا مجرَّد "تشويش" غير محبَّب "يزعِج" موجتهم الثابتة..
..
لكنني مهما فعلت لهم لا أرتاح..
ومهما حاولت جعل صورتي عندهم "متوازنة"..
لن أستطيع الشعور بالتوازن الحقيقي الداخلي..
ومهما أغدقوا علي بالمديح، والثناء، والتقدير..
أظلّ أشعر بأن هذا التقدير ليس لي، بل لقناعي..
وكأنهم يمتدحون شخصًا آخر غيري..
ومهما فعلت لإرضائهم، لن يرضوا أبدًا..
لأن رضاهم عليّ يُبنى على مصالحهم المتناقضة مع فرادتي..
وكأنني سلعة لن يشتروها..
إلَّا إذا ثابرتُ باستمرار على "ترويجها" بالوسائل كافة..
و"الترويج" يتطلَّب الطاعة الدائمة لهم..
والانضواء الكامل تحت منظومتهم الاجتماعية..
و"الترويج" يتطلَّب أيضًا التزلُّف، الكذب، التبعية، والتملُّق..
..
وأنا في الحقيقة أُحبُّهم وأحتاج إليهم..
وأُحب أن يبادلوني محبَّتي هذه..
لكنهم ليسوا بحاجة إلى "محبَّتي لهم"، بل إلى "محبَّتي لمعاييرهم"..

"نماذج" من المجتمع "النموذجي"/ ماذا سيقوله عنّي الناس؟/ الجوهرة

ماذا سيقوله عنّي الناس؟

الجوهرة

أراد أحد الأشخاص بيع جوهرة ثمينة. فذهب إلى السوق، وعرضها على بقّال، فقال له البقّال: "إنني أدفع ثمنها تسعة رؤوس من الباذنجان". فلم يبعها له..

فأخذها إلى تاجر قماش وعرضها عليه، لكن التاجر عرض دفع ثمن زهيد نسبةً لقيمتها، فلم يبعها له..

ثم ذهب مالك الجوهرة إلى تاجر المجوهرات وعرضها عليه. وبعد تفحُّصها جيِّدًا، دفع التاجر ثمنًا باهظًا لشرائها، فباعها له(*).

فالجوهرة هي ذاتنا الحقيقية، ونحن، يفترض أن نكون، تاجر المجوهرات ومالك الجوهرة في آن واحد.. أمّا البقّال، وتاجر القماش، فيمثّلان رأي المجتمع بذاتنا الحقيقية.. كلّ واحد من أفراد المجتمع يقيِّمنا بحسب مستوى

(*) راما كريشنا، الحقائق الروحية، ص 104 "بتصرُّف".

وعيِه.. وفي معظم الأحيان، لا يقدِّر الآخرون قيمة (جوهرتنا) أي (قيمتنا الحقيقية)، بل يقيِّموننا بحسب حاجتهم إلينا، أو بمدى استفادتهم من وجودنا فقط.. فمن يقيِّمنا بأقلّ مما نحن عليه، ومن لا يتقبَّلنا على ما نحن عليه، تكون هذه مشكلته هو وليست مشكلتنا.

لذلك يُفترَض بنا دائمًا معرفة قيمتنا الحقيقية، كبشر يستحقّون أن يحيوا حياتهم كما يريدونها.. ويُفترَض بنا أن لا نبدِّل "جوهرة" ذاتنا الحقيقية "بالباذنجان" إرضاءً للآخرين، أو موافقةً على "تسعيرهم" لنا.

"نماذج" من المجتمع "النموذجي"/ ماذا سيقوله عنّي الناس؟/ الفلّاح وابنه.. والحمار

ماذا سيقوله عني الناس؟

الفلَّاح وابنه.. والحمار

كان فلَّاح وابنه وحمارهما يعبُرون السوق بعد مشوار طويل وشاقّ. وكان الابن يمتطي الحمار والأب يسير على قدميه. فسمعا بعض الناس يقولون:

- "انظروا إلى هذا الولد الأناني، إنه يمتطي الحمار ويترك أباه العجوز يمشي على قدميه"..

فخجِل الولد، ونزَل عن الحمار، وركب مكانه الأب..

وبعد برهة وجيزة قال بعض الناس في السوق:

- "انظروا إلى هذا الوالد الأنانيّ، إنه يمتطي الحمار، ويترك ابنه الصغير يسير ماشيًا على قدميه!"..

فخجل الوالد، ونزل عن الحمار.. وسار الاثنان على أقدامهما.. وبعد دقائق سمِعا بعض الناس يقولون:

- "ما أغبى هذين الفلَّاحين! إنهما يسيران متعبَين على أقدامهما ومعهما حمار لا يمتطيانه"..

شعر الأب وابنه بالحرج وركبا معًا على الحمار متابعين سيرهما.. لكن بعد مسافة قصيرة سمِعا بعض الناس يتحدَّثون قائلين:

- ما أشدّ ظُلم هذين الفلّاحين، إنهما يركبان معًا على هذا الحمار المسكين المتعَب!"..

فمن يستطيع أن يُرضي الآخرين؟!
لن نعيش حياتنا إذا كنَّا نعيش حياةً مبنية على ما يتوقَّعه الآخرون منا..
نعيشها فقط حين نكون كما نحن، متواصلين مع الآخرين باحترام..
فإذا ركبنا على الحمار قد يغضب منَّا بعضهم..
وإذا سرنا على أقدامنا، قد يَغضب منَّا بعضهم الآخر..
لذلك، لنقم بما نريده نحن: فإذا أردنا أن نسير، فلنسر..
وإذا أردنا أن نتوقَّف، فلنتوقَّف..
فالهدف هو الوصول إلى حيث نريد..
وليس أن نبقى طوال الوقت، عرضةً لآراء الآخرين العشوائية، والمتناقضة، والتافهة في أحيان كثيرة.

وإذا فعلنا ما فعله هذا الفلَّاح وابنه ونقضي عمرنا بمحاولاتنا اليائسة لإرضاء الآخرين، فسوف نصبح، كهذا الحمار المسكين، مطيَّةً للآخرين..

"نماذج" من المجتمع "النموذجي"/ أنت.. والآخرون

أنت.. والآخرون

زميلي الفرد الاجتماعي "النموذجي"..
لا تصدِّق كلّ ما يُقال لك..
نجاحك ليس بفضلهم..
وفشلك ليس بسببهم..
لا تثق بكلّ ما أخبروك به..
نجاحك وفشلك هما من صنعك أنت..
لا تحمِّل أسباب فشلك إلى الآخرين..
لا تتَّهم غيرك بعرقلة حياتك..
عالمك الخارجي مرآة لك..
لا تبرِّر لنفسك بغير نفسك..
لا تضع اللوم على "الشياطين"..
أو على "الأشباح"..
ولا تجيِّر أسباب فشلك إلى الظُّروف المعرقِلة..
إلى الحظِّ السيئ..
إلى الشرق..
أو إلى الغرب..

فأنت وحدك المسؤول..

..

لا تعش حياة غيرك..

هذه حياتك أنت..

أنت وحدك من يرسمها..

أنت وحدك من يختبرها..

لا تدع أحدًا يحتلّ حياتك..

أنت تتواصل مع الآخرين من خلال حياتك..

فلا تتواصل مع حياتك من خلال الآخرين..

..

أنت لست "خارقًا"، ولا "أخرق"..

أنت لست "بطلاً"، ولا "باطلاً"..

أنت: كما أنت..

أنت إنسان عادي، وطبيعي..

لا تتقمَّص دورًا غير دورك..

والعب دورك الحقيقي الذي جئت لتلعبه على مسرح الحياة.

"نماذج" من المجتمع "النموذجي"/
بين الداخل.. والخارج

بين الداخل.. والخارج

زميلي الفرد الاجتماعي "النموذجي"..
لا تنتظر مجيء غيرك ليخلِّصك..
لن يأتي أحد من خارجك ليخلِّصك..
الخلاص يأتيك من داخلك..
من داخلك أنت فقط..
فسوف تبقى جالساً على كرسي الانتظار كلّ حياتك..
ولن يأتي قطار الخلاص..
لأنك تنتظره من الخارج..
وقطار الخلاص يأتي من الداخل..
منك أنت..
وليس من أحد غيرك..
..
فإذا ظلمك أحد ما.. فأنت من دعاه إلى ظُلمك..
وإذا كافأك أحد ما.. فأنت من دفعه لمكافأتك..
..

209

لا تنظر إلى الآخرين في الخارج، كي ترى ذاتك من الداخل..

أغمض عينيك جيِّدًا عن الخارج، لترى ذاتك الحقيقية..

عيناك تعوَّدتا رؤية الآخرين خارجك..

فأغمض عينيك لترى زيف الخارج، وحقيقة الداخل..

وأُذناك مختصَّتان في سماع الآخرين خارجك..

فأغلق أُذنيك لتسمع صوت صمتك في الداخل..

..

فأنت مبهور بالآخرين خارجك..

كالذبابة العالقة على الزجاج الشفَّاف..

تنظر إلى الخارج لكنها لا تستطيع الوصول..

لأن انبهارها المستمرّ بالخارج..

لا يسمح لها بالتوجُّه إلى الداخل حيث خلاصها..

فهي لا تعي أن خلفها، في الجهة الأخرى المعاكسة للخارج..

هنالك عالماً آخر لا يحدُّه حدّ، ولا عراقيل زجاجية..

فإذا سلكَته نجت..

وإذا بقيَت مبهورة بالخارج..

وتحاول المرور المستحيل إلى الخارج..

عبر الزجاج الذي يعيقها..

قد تموت هذه الذبابة ألف مرة..

وهي تحاول، يائسة، سلوك الطريق الخارجية متجاهلة الجهة المعاكسة..

..

خارجك لا يحوي مسبِّبات..

بل يحوي نتائج..

نتائج ما يدور في داخلك..

وعبوديَّتك الخارجية تصنعها في داخلك..

210

ومحدوديَّتك أيضًا ، أنت من يحدُّها في داخلك..

فلا تُلقِ اللوم على "تربيتك"..

أنت أصبحت المربِّي الحقيقي لذاتك..

لا تُلقِ التُّهم على من استعبدك في الماضي..

لا يستطيع أحد أن يستعبدك، إذا لم تتحالف معه على نفسك..

الاستعباد يتطلَّب قطبين: المستعبِد والمستعبَد..

إذا لم تكن أنت المستعبَد..

فلن ينجح أيُّ شخص في استعبادك..

فلا تلعب دور العبد المستعبَد..

لأنك بذلك تكون حليفًا لسيِّدك.. وعدوًّا لنفسك..

حين تعيش العبودية من الداخل.. تجذب إليك المستعبِدين من الخارج..

وحين تعيش الـحرِّية من الداخل.. تتحرَّر ، فتُبعد عن نفسك مرارة

الاستعباد...

..

إن حالتك الداخلية هي التي تُحدِّد ما تختبره في الخارج..

الآخرون هم مجرَّد انعكاس لعالَمك الداخلي..

لا ترهم من داخلك بطريقة سلبية..

لأنهم سوف يبادلونك السلبية من الخارج..

لا تلمهم.. لا تنتقدهم..

سوف يلومونك وينتقدونك من الخارج..

ولا تحاربهم من الداخل..

سيحاربونك من الخارج..

لا تحاول تغييرهم.. تأديبهم.. أو معاقبتهم من الداخل..

فأنت تدعوهم، عن غير قصد، لمعاقبتك من الخارج..

..

غيِّرهم من داخلك.. غيِّر إدراكك لهم..
وغيِّر نظرتك الداخلية إلى الآخرين.. ليتغيَّروا من الخارج..
..
لنختم هذا الفصل بهذه القصَّة القصيرة والمعبِّرة:

دخل كلب شريد معبدًا للشاولن. وكان هذا المعبد يحوي آلاف المرايا. فما أن نظر الكلب حوله، من خلال المرايا، حتى رأى نفسه محاطًا بآلاف الكلاب "العدوَّة". فكشَّر عن أنيابه استعدادًا للمعركة مع هذه الكلاب، التي بدورها كشَّرت عن أنيابها لدخول المعركة، وبدأ بمهاجمة أعدائه التي كانت تهاجمه بدورها، من خلال المرآة طبعًا.. فظلّ على هذه الحال مهاجِمًا شرسًا محاطًا بآلاف "الأعداء" الشرسين.. حتى أنهكه التعب، ومات داخل المعبد من شدة الانفعال والإعياء..

وبعد فترة من الزمن، دخل المعبد نفسه كلب آخر. فما أن رأى، من خلال المرايا، آلاف الكلاب "الصديقة" المشابهة له، فرِح جدًّا، وشرع بهزّ ذيله سرورًا. فما كان من آلاف الكلاب المفرحة المحيطة به، إلَّا أن بادلته الشعور عينه، وبدأت بهزّ أذيالها فرَحًا بقدومه. فقفز وقفزت، ومرح ومرحت.. وبعدها ودَّع الكلاب الصديقة وودعته، وخرج من المعبد مسرورًا بالكلاب الصديقة الجديدة.

"نماذج" من المجتمع "النموذجي"/
إلى المقلّد "النموذجي"

إلى المقلّد "النموذجي"

زميلي المقلِّد "النموذجي"..
هل سمعت يومًا بأن غزالاً حاول أن يصبح وطواطًا؟
هل رأيت زهرةً حاولت أن تصبح تفَّاحة؟
فلماذا تريد أن تكون غيرك؟
لماذا تريد أن تنكر ذاتك الحقيقية؟
لماذا ترفض نفسك؟
من قال للون الأحمر بأن عليه أن يصفرّ، لأن اللون الأصفر أجمل منه؟
من قال لك إن قناعك أجمل من وجهك الحقيقي؟
من قال لك إن القوّة تحقِّقها بالتزلُّف..
وبأن ضَعفك سببه صِدقك؟
..
لا تحاول أن تكون غيرك.. كن كما أنت..
لماذا ترسم على وجهك ما لم تشعر به في قلبك؟
لماذا تخفي خلف قناعك المبتسم حزن قلبك؟
..

إنك تمسخ نفسك، بتقليدك لغيرك..

فكفاك فخرًا بغيرك، وتحقيرًا لذاتك..

وكفاك انبهارًا بغيرك.. وتعاميًا عن ذاتك..

وكفاك تمسُّكًا "بمثالك الأعلى".. وتفلُّتًا من نفسك..

وكفاك تفاخرًا بإنجازات غيرك.. وتجاهلاً لإحباطاتك..

وكفاك تضخيمًا لممتلكاتك.. وتهشيمًا لغناك الداخلي..

..

من قال لك إن مثالك الأعلى أحسن منك..؟

لماذا تشوِّه نفسك بالتشبُّه به؟

لماذا تقلِّده في كلّ ما يفعله؟

إنه إنسان عادي مثلك تمامًا..

يجوع ويعطش، ويحبّ، ويرغب، ويخطئ، ويصيب..

إنسان يرتاح، ويتعب، يضحك، ويبكي، ويحلم..

لقد نجح في حياته لأنَّه يشبه ذاته، ولا يقلِّد أحدًا..

وأنت تحاول أن تقلِّده، وأن تشبهه هو..

وإذا بقيت على هذا المنوال.. فلن تنجح في حياتك..

لأنك لا تشبه ذاتك، بل تتشبَّه بغيرك..

فتتماثل مع غيرك.. وتتجاهل نفسك..

وتتفاعل مع غيرك.. وتُقاطِع نفسك..

..

فبدل أن تختار شخصًا ما "كمثل أعلى" لك..

لماذا لا تكون أنت.. مثلك الأعلى؟

"نماذج" من المجتمع "النموذجي"/ لماذا نجحوا هم.. وفشلت أنت؟

لماذا نجحوا هم.. وفشلت أنت؟

لماذا استطاع الناجحون تحقيق أهدافهم.. وأنت لم تستطع؟
لأنك بكلّ بساطة تقضي كلّ حياتك "احتفالات" بإنجازات غيرك..
لتتهرَّب من خيبتك من تحقيق إنجازاتك أنت..
ولأنك، طوال حياتك، تسعى لاهثًا لتحقيق ما يتوقَّعه الآخرون منك..
ولا تسعى إلى ما تتوقَّعه ذاتك منك..
ولأنك تتنكَّر لأحلامك الحقيقية التي قد تمثل الكوابيس الحقيقية لرعيانك..
ومخاوفهم الدفينة من حصولك على حريَّتك..
ولأن "قطيعك" يعرف جيِّدًا أن تفرُّدك، وأحلامك الحقيقية..
تشكِّل خطرًا حقيقيًّا عليه..
فمعظم ما يتوقَّعه منك رعيانك، وما يريدونه منك هو: طاعتك الكاملة..
وانهزامك الداخلي، وتبعيَّتك العمياء لهم..
وطاعتك غير المشروطة لمنظومتهم القطيعية..
هذه هي حدود أحلامك التي يريدونها منك..
ويفترض بك أن تأبى أن تكون هذه أحلامك..
فالإنسان الحرّ.. "خطِر"، غير مطيع، مبادر، مسؤول، غير تبعي، ثائر، ذكي، إيجابي..

والإنسان التابع.. "آمِن"، مطيع، متلقٍّ، غير مسؤول، تبعيّ، محافظ، انفعالي، سلبيّ..

والقيِّمون على المجتمع يفضِّلون الإنسان التابع على الإنسان الحرّ..

لأن الأوَّل "آمِن"، و"جاهز لتنفيذ طلباتهم"..

والثاني "خطِر"، و"لا يمكن التحكُّم فيه"..

..

فعندما تكون أنت ذاتك..

تكون حاضرًا في الحياة فيكون "جهاز التحكُّم في حياتك" معك..

فتتفاعل مع الآخرين بشكل إيجابي..

دون أن يمحو إيقاعهم الجمعي إيقاعك الفردي..

..

أمَّا عندما تكون أنت كما يريدونك..

فلن تكون حاضرًا في الحياة..

وسوف يعيشون حياتك بدلاً منك..

ويأخذون منك كلّ مواردك الإنسانية..

ويصنعون لك حياتك كما يريدونها لك..

وبهذه الطريقة سوف تحيا حياةً مستوردة.. ليست من صنعك..

وتقضي عمرك كلّه حيًّا مزيَّفا تتنفَّس، تأكل، تتناسل.. وتتناسى ذاتك..

وتقول:

- أنا لا شيء.. لكن معلِّمي كان إنسانًا عظيمًا..

- أنا مجرَّد عنزة في قطيع.. لكن راعينا إنسان واسع السلطة..

- أنا ضعيف.. لكني أفتخر بقوَّة زعيمي..

- إن مثلي الأعلى في المحبَّة والمغفرة هو (الأمّ تيريزا).. لكنني متخاصم منذ سنين مع جميع إخوتي وأخواتي على تركة أبي..

216

- صحيح أنني فاشل في مادَّة الرياضيَّات.. لكن أُستاذي يُعتبر مِن أهمِّ علماء الرياضيَّات في العالم العربي، إنني فخور بأُستاذي..

- تقول لصديقك: لقد سجلنا أربعة أهداف نظيفة وانتصرنا نصرًا مبينًا على الفريق المنافس لنا.. ويسألك صديقك:

"عظيم..! وأنت؟ كم هدفاً حقَّقت في هذه المباراة؟"

فتجيبه مسرورًا بنصرك ومستغربًا:

"أنا..؟!

أنا لم أكن العب معهم..

كنت أُشاهدهم من خلال التلفاز!.."

"نماذج" من المجتمع "النموذجي"/
ما نقوله عن الآخرين؟

ما نقوله عن الآخرين

كان نادر مارًّا في سيَّارته لزيارة عمل، توقَّف أمام فتاة للاستفسار منها عن الطريق المؤدِّية إلى حيث كان ذاهبًا.

فسألها قائلاً: "كيف يمكنني الذهاب إلى البلدة الفلانية؟"

أجابته قائلة: "إنها بعيدة من هنا، على كلّ حال، أنا ذاهبة إلى منطقة قريبة منها، فهل توصلني معك؟"

قال لها: "طبعًا تفضَّلي".

صعدت الفتاة إلى السيَّارة وتبادلا أحاديث متنوِّعة أظهرت انسجامًا سريعًا بينهما.. فلم يحدث سابقًا لنادر أن انسجم مع فتاة بهذه السرعة وبهذا الوضوح. فهذه الفتاة إنسانة رائعة، عفوية، بريئة، وجميلة.. أُعجب بها نادر بشكل كبير..

أوصلها إلى حيث تريد، بعد أن أرشدته شاكرة إلى طريق البلدة المقصودة.. تابع نادر سيره وهو يشعر بغبطة بالغة الأثر..

وما هي إلَّا ثوانٍ حتى انتبه نادر بأن هاتفه الجوَّال لم يعد بقربه!

أُصيب نادر بصدمة مفاجئة.. وقال لنفسه:

"يا إلهي.. لقد سرقت هاتفي"!

"كيف يمكن لشخص شاركني في شعور كهذا أن يكون لصًّا"؟

"كيف تمكَّنت هذه السارقة أن تخدعني"؟

"ما أغباني، أنا دائمًا أثق بالآخرين دون تفكير"..

"ما أروع ما كنت أشعر به تجاهها، وما أسوأ ما قابلتني به"..

"لقد استغلَّت طيبتي وسرقت هاتفي الجوَّال"!

توقَّف نادر إلى جانب الطريق ليُلملِم نفسه التي انتقلت من "جنَّة" الفرح إلى "جحيم" الشكّ..

ونظر حوله مندهشًا، وإذ به يرى هاتفه الجوَّال موجودًا تحت مقعده!

"آه.. إنه هنا"!

"يا إلهي..!

لقد ظلمتها.."!

"كيف أمكنني أن أتَّهمها بهذا الشكل وأُصنِّفها باللصَّة"؟

"لقد أحببتها..

ووثقت بها..

واستغبيت نفسي..

وشكَّكت فيها..

واتَّهمتها بالسرقة..

وبرَّأتها..

وظلمتها..

وشعرت بالذنب معها..

ثم عدتُ أُحبُّها..

كلّ ذلك حدث في دقائق قليلة".

..

"ما أجمل" هذه الطريقة "المنطقية" و"النموذجية" التي يتمّ فيها الحُكم على الآخرين!..

بمثل هذه التقييمات المتناقضة والملتبسة شُنَّت الحروب، وقامت التحالفات، وانهارت الامبراطوريَّات، وتسلَّطت عروش، ومات الناس بالمئات..

وبمثل هذه الظُّنون المتناقضة رسموا تاريخنا بالدمّ..

حَرِّر ذاتَك.. مِنكَ

خارج إطار النماذج

خارج إطار النماذج/ الذات الحقيقية

الذات الحقيقية

الذات الحقيقية التي اتَّفق عليها معظم المعالجين النفسيين وعلماء النفس سُمِّيت بعدَّة أسماء. فقد أطلق عليها العالمان هورني وماسترسون وغيرهما اسم (الذات الحقيقية).. وعالِما النفس ميلر ووينكوت اسم (الذات الصحيحة).. وبعض الأطباء والتربويِّين (الطفل الباطني).. واسماها د. تشارلز ويتفيلد (الطفل الداخلي).. وآخرون أطلقوا عليها عدَّة أسماء مثل: (الذات العميقة)، (الطفل الإلهي)، (الروح الباطنية)، و(الذات العُليا)... الخ

كلّ إنسان لديه ذات حقيقية.. فطرية ترسم تفرُّده. وكلّ فرد هو حالة خاصَّة، إنسان متميِّز، إنسان كوني. فنحن متميِّزون بعضنا من بعض مثل بصمات الأصابع. وجئنا لنترك بصمتنا المتفرِّدة في الحياة.

نصل إلى هذه الحياة نحمل "ذاتًا حقيقية" نظيفة، فطرية، كونية، ونقوم، بالتعاون مع من نحبهم ونحترمهم: أهلنا، ومعلمينا، وأصدقائنا، ورجال الدين، وزعمائنا، "بقولبتها" و"تعديلها".. وهذه "التعديلات" تكون جذرية إلى درجة تجعلنا نلجأُ إلى ذات مستلَبة، مزيَّفة، متملِّقة. فنصنع لنا هويَّة مزيَّفة، نحتمي وراءها، لنصبح أُناسًا لا يعيشون حقيقة عالَمهم الداخلي، بل يعيشون حياةً مزيَّفة بكلّ معنى الكلمة.

يلجأ المجتمع إلى قولبة ذاتنا الحقيقية ونمذجتها لأنها ذات غير نمطية، وغير قابلة للتكهُّن المُسبق بنتائجها. ولأن الذات الحقيقية بطبيعتها حرَّة، فهي مبنية على قاعدة التغيير والتطوير.. والتغيير قد يهدِّد مصالح القيِّمين على المجتمع الذين يحبِّذون التصرُّف "النموذجي" والنمطي "الآمِن" بالنسبة إليهم.

لذلك يشعر الإنسان، الذي قُمعت أهدافه الفردية ومسلكه الشخصي المتفرِّد، بأن هويَّته الحقيقية وذاته الحقيقية تختفيان، فيصبح إنسانًا اجتماعيًا بلا روح، بلا أهداف خاصَّة به، وإنسانًا مُربَكًا يبحث عن ذاته الحقيقية التي فقدها.

حين يجد الإنسان ذاته الحقيقية يصبح ناضجًا حقيقيًا. وحين يعيش حياته متماهيًّا مع ذاته المزيَّفة فإنه يشيخ ولن ينضج. يبقى في حالات (طفلية) مبتورة التطوُّر لابسًا "الحفاضات" الفكرية والمسلكية والنمطية التي نسيَ أن يتخلَّص منها. أمَّا الإنسان الناضج فهو الذي تمكَّن من تفكيك برمجته الاجتماعية، وأعاد النظر بكلّ الأنماط الفكرية، العقائدية، والتربوية التي فُرضت عليه، وصبَغها بتجربته الحياتية والفكرية الخاصَّة به لترسمه من جديد إنسانًا متحرِّرا مستقلًّا مسؤولاً بشكل مباشر عن حياته. وهو ليس كالإنسان المستعبَد الذي يحمل ذاتًا ليست له، ويقيِّد نفسه بحبل غليظ يحيط برقبته، ويُدلِّل على نفسه، لمن يريد تحمُّل مسؤولية قيادته ليوفِّر على نفسه (عبء الحرِّية)..

لأن الحرِّية: مسؤولية.

خارج إطار "النماذج"/ الإنسان العظيم

الإنسان العظيم

"الإنسان العظيم هو الذي تشعر بحضرته بأنك عظيم".

(مجهول)

الإنسان العظيم الحقيقي يتناقض تمامًا مع مفهومنا "النموذجي" "للإنسان العظيم".

"فالعظيم" "النموذجي":

تظهر فيه صفات القوَّة، البطش، الثروة..

وعبادة السلطة، والحنكة، والمقدرة على تدمير أعدائه.

أمَّا الإنسان العظيم:

فهو من ينتصر دون أن يُهزَم أحد..

وثورته لا تسعى إلى تدمير الآخر، بل إلى تطويره..

ولا يُقاس بعدد أتباعه..

بل بعدد الذين ساهم بجعلهم عظماء..

..

وهو من يتميَّز بالرحمة، والمحبَّة..

وبالمقدرة على العطاء وعلى الحبّ غير المشروط..

225

..

والإنسان العظيم هو من يعتذر عندما يُخطئ..
ويسامح عندما يُساء إليه..
ويغذِّي كلّ من يقابله بنعمة سلامه الداخلي..
ويعلِّم المحبَّة بالمحبَّة..
ولا يعلِّم الطقوس بالطقوس..

..

فهو لا يقلِّد أحدًا..
ولا يطلب من أحد أن يُقلِّده..

..

والإنسان العظيم هو الذي لا يعرف مطلقًا بأنه عظيم..
عظَمته صامته، متواضعة لا يسمعها من يشوب رأسه الصخب..

..

هو الذي لا يكرِّمه مجتمعه في حياته..
لأن المجتمع يكرِّم الأفراد "النموذجيين" الذين يشبهون معاييره فقط..

..

والعظيم يعيش اللحظة متحرِّرا من آلام الماضي، وهواجس المستقبل..
ويسكن ذاته الحقيقية ويكونها دائمًا..
هاجرًا ذاته الاجتماعية المزيَّفة..
محطِّمًا كلّ أقنعة "العظَماء" المزيَّفين السائدة في المجتمعات..

..

والإنسان العظيم يكون قريبًا جدًا من الآخرين..
وبعيدًا جدًا عن أنماطهم الاجتماعية والفكرية وعن تأثيرها فيه..
فلا يرفض مجتمعه، لكنه يرفض القولبة الاجتماعية له..

..

والإنسان العظيم هو الذي يبعث الحياة في كلّ شيء يمرّ به..

ولا يستمدّ عظَمته من عِرقه، سلالته، أجداده، أو عائلته..

بل يستمدُّها من ذاته الحقيقية..

لأن العظَمة لا تُستورد، ولا تُجيَّر، ولا تُورَّث..

بل تحيا في العظَماء.

..

كان أحد المعلِّمين يلقي مواعظ على تلاميذه المتحلِّقين حوله، حين اقترب أحد الأشخاص وهاجم المعلم بالشتائم. وعلى الفور نهض تلاميذ المعلم وأمسكوا بالمهاجم لضربه، لكن المعلِّم منَعهم قائلاً: لا تضربوه.. لا بد من أن هذا الرجل يحمل ألمًا كبيرًا بداخله جعله يتصرَّف معي بهذه الطريقة. اتركوه لحال سبيله. فتركه التلاميذ وركض الرجل مضطربًا ومندهشًا مما حصل.

وفي اليوم التالي، وبينما كان المعلم يحاضر بتلاميذه، جاء الرجل الذي هاجمه سابقًا، وارتمى عند قدميه باكيًا طالبًا منه المسامحة على ما فعله به وقال: "سامحني أيُّها المعلم.. لقد ملأني حقد شديد أعمى بصيرتي فهاجمتك، وشتمتك.. لكنك سامحتني وغفرت لي ذنبي بحكمتك المجبولة بالحبّ والتسامح.. أنا لم أنم ليلة البارحة لحظة واحدة لأنني إنسان حقير أخطأ مع معلم كبير مثلك"..

نهض المعلِّم وساعد الرجل على الوقوف، وقال له: "لماذا تعتذر منِّي يا بنيّ!؟ أنا لست الشخص ذاته الذي تعرَّض البارحة للهجوم.. وأنت لست الرجل ذاته الذي هاجم المعلِّم بالأمس. الذي هاجم المعلِّم كان إنسانًا مضطربًا يحتلُّه الخوف والحقد والعنف، وأنت الآن إنسان وديع لا تقوى على إيذاء نملة..

وأنا الآن لم أعد الشخص الذي شُتِم بالأمس، فكيف تأتي إليَّ لتطلب منِّي السماح على شيء لم يحصل لي.. ولم تقترفه أنت"؟!

فشكره الرجل.. وأصبح من تلاميذه.

خارج إطار "النماذج"/ بين الـ"نعم" والـ"لا"

بين الـ"نعم" والـ"لا"

"إن أقدم كلمتين وأقصرهما "نعم ولا" وهما أكثر الكلمات تطلُّبًا للتفكير".

(فيثاغورس)

المشكلة في الـ "نعم" والـ "لا" هي حين نساوم على ما نريده أو نرفضه بالفعل ..

أي حين نقول "نعم" للآخرين على الرغم من عدم موافقتنا داخليًا..

أو حين نقول "لا" للآخرين على الرغم من أننا في الحقيقة نريد بشدَّة ما رفضناه..

فحين يكون الأمر كذلك، نعيش حياة لا تشبه الحياة التي نريدها نحن..

وعندئذ نكون خارج الحياة الحقيقية..

أي "أحياء" مزيّفين..

..

إن حياتنا تُقاس بمدى حضورنا فيها..

أي بمدى تطابق قراراتنا وتصرُّفاتنا مع ما تريده ذاتنا الحقيقية..

فكلّما كان هذا التطابق أكثر، زاد هامش حريَّتنا، وسعادتنا..

وكلّما قلَّت نسبة التطابق، زادت عبوديَّتنا وسلبيَّتنا ومعاناتنا..
لكن لا بدّ لنا من أن نساير الآخرين في الأمور البسيطة وأن لا نتطرَّف..
ففي هذه الأمور قد تكون التسويات هي الأصحّ..
..
لا بدّ لنا من القول بإن أفضل مستشارَين لنا في الحياة هما:
الـ "نعم" والـ "لا" الداخليتان اللتان تقولهما لنا ذاتنا الحقيقية..
لنسأل أنفسنا بكلّ بساطة: هل نحن مرتاحون داخليًا في اتِّخاذ قرار ما؟
إذا كان الجواب الداخلي "نعم" نفعل ما قرَّرناه دون تردُّد..
أمَّا إذا كان الجواب الداخلي "لا"، وقلنا "نعم" للآخرين..
فسوف نشعر بغربة عن أنفسنا، وهذا يُضعف حضورنا في الحياة..
والحياة الحقيقية تطالبنا دائمًا بأن نكون أنفسنا..
أي في حالة انسجام الداخل مع الخارج..
وعندئذ فقط ستكون الـ "لا" والـ "نعم" نعمة علينا، لا نقمة.

خارج إطار "النماذج"/ النمور.. والتوت البري

النمور.. والتوت البري

كان أحد الأشخاص يمرّ في الغابة عندما طاردته نمور شرسة. فما كان من الرجل إلا أن هرب مسرعًا فتعثَّر فجأة، وسقط في منحدر عمودي.. لكن الرجل تمكَّن من التمسُّك بجذع شجرة لينقذ نفسه من السقوط إلى القعر.

نظر الرجل فوقه فرأى عدَّة نمور غاضبة تترقَّبه بعدوانية، لكنها لم تستطع الوصول إليه. ونظر الرجل تحته، فوجد نمورًا أُخرى تنتظره في قعر المنحدَر لتنقضّ عليه حين يسقط..

بقي هذا الرجل معلَّقًا بهذا الجذع غير المتين.. نظر إلى يمينه، فرأى نبتة توت بريّ بقربه.. بقيَ ممسكًا بيد واحدة، ومدَّ يده الأخرى وقطف من ثمار النبتة.. وأكل.. وقال:

"مم.. ما ألذّ طعم التوت البرِّي!".

تمثِّل هذه القصَّة ثلاثة أزمنة: الماضي، المستقبل ، والحاضر..

فالنمور التي تطارد الرجل والموجودة فوقه، تمثِّل الماضي الذي يُطارده.

والنمور الموجودة في القعر التي تنتظر سقوطه لتفترسه، تمثِّل المستقبل الذي ينتظره..

أمَّا رؤيته لنبتة التوت البري واستمتاعه بثمارها، فهي تمثِّل "الآن".

استطاع هذا الرجل العيش في "الآن" والاستمتاع به، متجاوزًا الماضي الذي يطارده، ومتخطِّيًا المستقبل الذي قد يكون مشؤومًا بالنسبة إليه.

هذه القصَّة، رغم خياليَّتها، تعلِّمنا:

أن لا نبقى عُرضة للماضي الذي يلاحقنا أينما حللنا..

وأن لا نبقى أسرى الخوف مما يخبِّئه المستقبل لنا..

وأن نعيش حاضرنا بكلِّيته ونرى الجمال فيه ونستمتع به، لأن "الآن" هو الفرصة الزمنية الوحيدة المتاحة لدينا لنحيا من خلالها الحياة.

خارج إطار "النماذج"/ التغيير/ المرأة.. خارج الكهف

التغيير

المرأة.. خارج الكهف

"إن الشيء الثابت الوحيد في هذه الحياة، هو أن لا شيء ثابت".

(مجهول)

لا يمكن لأحد إيقاف الزمن. ولا يمكننا منع الكون من التوسُّع أكثر مع مرور عقارب الساعة. فالحياة حركة.. والحركة مرتبطة بالزمان والمكان.. والزمن يفرض على الجنين أن يصبح طفلاً.. ويفرض على الطفل أن يصبح رجلاً.. ويفرض على الرجل أن يصبح كهلاً..

ومياه النهر الطبيعية تبقى نظيفة كلما كانت المياه جارية ومتغيِّرة في كلّ مكان من النهر. وكما يقولون: "لا يمكننا الاغتسال في النهر مرتين بالمياه نفسها"، لأن مياه النهر الجارية تتغيَّر في كلّ لحظة. أمَّا إذا ركدت المياه في بركة لا تشوبها الحركة الدائمة ودورات التغيير المستمرة لمياهها، فسوف تصبح آسنة بلا أدنى شكّ.

فالحياة تعني التغيُّر المستمرّ، والركود الدائم يعني الموت. فكم بالحريّ إذا

لم نسمح لمفاهيمنا الاجتماعية، ومعتقداتنا، وأحكامنا الجاهزة بأن تتغيَّر لكي تتناسب مع التبدُّلات الاجتماعية، الفكرية، الاقتصادية، والنفسية للبشر.

فكيف يمكننا أن نتعامل مع المرأة في القرن الواحد والعشرين كما علَّمونا أن نتعامل معها منذ مئات وآلاف السنين؟

كانت المرأة في العصور الغابرة تُعامل و"تُقتنى" كالحيوانات المنزلية. وكان عالمها الواسع يمتدّ من أعمق صخرة داخل الكهف.. إلى مدخله. ومن كهف أبيها إلى كهف زوجها. كانت مهمَّتها هي الإنجاب، الاهتمام بالأولاد، وبنظافة الكهف، وتأمين المتعة لزوجها. وكانت مهمَّة الزوج الخروج من الكهف للصيد وتأمين الغذاء لزوجته وأولاده. لقد بُنيَت كلّ القيَم، التقاليد، الأعراف، والنُظم الاجتماعية والفكرية والاجتماعية والنفسية التي تحكم العلاقات بين الرجل والمرأة على هذا الأساس:

المرأة في الكهف، والرجل خارج الكهف..

داخل الكهف هو من اختصاص المرأة، وخارجه هو من اختصاص الرجل.

لكن اليوم تغيَّرت المرأة وتطوَّرت بشكل دراماتيكي على معظم الصعد. وحافظت على مهمَّتها القديمة داخل الكهف وتمكَّنت ببراعة من "الخروج من الكهف" و"الصيد"، على الأقل، مثلها مثل الرجل.

بينما بقي الرجل محافظًا على "مهنته" القديمة الجديدة أي الصيد خارج الكهف، ولم يتمكَّن من مجاراة المرأة داخل الكهف. فاصطدم هذا التطوُّر الاستراتيجي في وعي المرأة، وفكرها، وثقتها بنفسها، ونجاحها على المستوى المادي، الفكري، العملي، والقيادي.. اصطدم بركود القيَم الاجتماعية، والعقائدية، التي بنيَت على "نماذج" المفاهيم المتخلّفة عن العصرنة للمرأة.

قديمًا سُئِل أحد الأشخاص: "لماذا تضع زوجتك في الصندوق الخلفي لشاحنتك، بينما تضع عنزتك على المقعد الأمامي بقربك؟"

أجاب الرجل: "المرأة لا تقفز من الشاحنة.. أمَّا العنزة.. فتقفز!".

..

لقد أصبحت المرأة في الشرق تحت تأثير قوّتين متناقضتين:
إمكانياتها.. وصلاحيّاتها..

- "إمكانيّاتها": التي أصبحت تُضاهي إمكانيات الرجل في عدّة مجالات، وتتفوّق عليه في مجالات أُخرى.

وبين:

- "صلاحيّاتها": المقيَّدة بقيَم ومفاهيم اجتماعية قديمة، لا تسمح لها باستخدام إمكانيّاتها الجديدة.

لذلك تعيش أكثر النساء، في معظم مجتمعاتنا الشرقية، حالة انفصام داخلي شديد تجعلهن محاصرات بين "الفرملة" الاجتماعية (القديمة-الحديثة)، وبين نزعة التطوُّر غير المحدودة لديهن. فبذلك أصبحت تلك النساء يحتمين بذاتهن المزيَّفة لتعويض انفصامهن الداخلي الذي يظهرهن كأنهن يدسن (دون توقُّف) دواسة الوقود، وفي الوقت نفسه، يدسن الفرامل (دون توقُّف أيضًا). وحالة كهذه تُعتبر مزريَة إذا ما طُبِّقت على سيَّارة.. فإذا كان أثر هذه الحالة مأسويًّا بالنسبة إلى سيَّارة، فما هو أثرها في المرأة كإنسان يعيش القرن الواحد والعشرين بكلّ تحدِّياته؟

خارج إطار "النماذج"/ التغيير/
من بيضة.. إلى بيضة

التغيير

من بيضة.. إلى بيضة

لقد اعتبرت المجتمعات جميع المتـنوِّرين خارجين عن القانون، متمرِّدين، أو هدَّامين.. وحتى قادة الثورات الإنسانية العظيمة في التاريخ الذين نادوا بالتغيير وثاروا على النماذج المتداولة في عصرهم، كانوا يُعامَلون على أساس أنهم "منشقُّون"، و"خائنون" للأعراف السائدة، و"مفسدون" للعقول..

إذا كنَّا ننظر إلى الحياة نظرةً تحمل في طيَّاتها قولبة كلّ شيء وجعله "نموذجًا" ثابتًا محدودًا بصفاته ومحصورًا بخاصِّية الجمود النمطي وعدم التبدُّل، نرى أن عملية خروج فرخ النسر من البيضة وكسره لها "عمل إرهابي هدام".. لأنَّه خرج عن "نموذج" البيضة الذي كان فيه، وهو من تسبَّب بـ"تدميرها" رغم كلّ ما فعلته البيضة معه.. لقد حمته من الموت وأمَّنت له بداخلها بيئة مغذِّية وآمِنة.. ومع ذلك "تآمر" عليها وحطَّمها "دون رحمة"..

لكنّنا إذا نظرنا بطريقة خارجة عن الإدراك "النموذجي"، نرى أن هناك عمليَّتين حدثتا في عملية ولادة الفرخ:

- تدمير الجزء البالي (الجامد) من البيضة الذي لا يستطيع مراعاة التغيير والتأقلم مع التحوُّلات المستجدَّة..

- استمرار الجزء الحيِّ من البيضة الذي يتمتَّع بالمرونة، ويُراعي التغيير الذي فرضته صيغة التطوُّر الطبيعي الدائم..

وهكذا يموت "نموذج" البيضة، ويَتحرَّر منه فرخ النسر، ليرى هذا الأخير نفسه في "بيضة" "نموذجية" جديدة.. وهي ("بيضة" العشّ) أي "بيضة" التبعية لأُمِّه وعجزه عن الطيران، والعيش دون مساعدتها له (كونه فرخاً صغيراً).. لكن آلية التطوُّر الدائم تفرض عليه طريقين لا ثالث لهما:

- المحافظة على نموذجه الجديد والبقاء في العشّ إلى أن يموت جوعًا أو عطشًا..
- أو كسر قشرة هذا النموذج المتَّكل على الآخرين ومغادرة العشّ الذي تربَّى فيه لكي يواجه الحياة بكلّ تحدِّياتها..

وأُم النسر تتعاطى، غريزيًّا، مع فرخها كما تتعاطى الحياة معنا.. فحين ترى الأم بأن فرخها أصبح لديه أجنحة تسمح له بالطيران والاعتماد على نفسه، تحمله إلى الأعالي وترميه من الجو، واضعةً إيَّاه في احتمال من اثنين:

- السقوط "المرعب" مستجديًا أُمَّه، طالبًا المساعدة، لاعنًا حظَّه العاثر، خائفًا مما ينتظره، باكيًا على ماضيه النموذجي في العشّ.. ومواجهًا الموت المحتَّم..
- الاعتماد على نفسه كليًا، والسعي إلى مواجهة المرحلة الجديدة من تطوُّره، والتحرُّر من نموذج التبعية لأُمِّه، ليواجه الحياة بكلّ ما فيها من اختبارات. .

هذه هي آلية التطوُّر الحتمي التي تفرضها علينا لعبة الحياة:

السير في رحلة التطوُّر داخل كلّ (بيضة وَعي) لنصل إلى مرحلة النضج..

كسر قشورها للخروج منها إلى بيضة وعي جديدة..

السير في رحلة تطوُّر جديدة فيها لننضج من جديد..

كسر قشورها والتحرُّر منها إلى بيضة وعي أوسع وأرحب..

وهكذا دواليك...

هذه هي آلية التطوُّر:

من (بيضة).. إلى (بيضة).. إلى (بيضة).. إلى (بيضة)...

أي:

اختبار مرحلة جديدة.. التعلم منها.. النضج.. تخطي هذه المرحلة..

اختبار مرحلة جديدة.. التعلم منها.. النضج.. تخطي هذه المرحلة..

... وهكذا دواليك.

فاحترامنا لآلية التطوُّر هو الأساس، وليس التقوقع داخل نموذج كان مناسبًا لنا في الماضي، وأصبح اليوم زنزانتنا "النموذجية".

فلماذا علينا أخذ خيار الانقراض، إذا كان لدينا إمكانيَّات طبيعية لتطوير خيارات بديلة أكثر انسجامًا، فعالية، تماسكًا، وأكثر مناسبةً لعصرنا الحاضر. ومن الجليّ أن الشيء نفسه ينطبق على أنماط أفكارنا ومعتقداتنا. إن أيَّ نمط فكري، أو معتقدي يجب أن يُستبَدل إذا لم يعد مناسبًا لحاضرنا.. وإبداله بمنهجية فكرية جديدة مناسبة أكثر لحياتنا النابضة بالتغيير الدائم.

خارج إطار النماذج/ التغيير/ الوزن الزائِد

التغيير

الوزن الزائِد

إن الإبقاء على الأغراض القديمة البالية أو التي لم تعد تناسبنا قد يشكِّل طاقةً سلبية تؤثِّر فينا بشكل مباشر. فعندما نحتفظ بشيء قديم لا نستخدمه أو لا نتفاعل معه، فإن هذا الشيء يشاركنا في حاضرنا كعبء إضافي لا يفيدنا، بل على العكس من ذلك، نحمله معنا في حاضرنا وبذلك يشكِّل وزنًا زائدًا في رحلتنا الحياتية.

فكيف بالحري حين نحمل أفكارًا، شعارات، وعقائد قديمة متوارَثة انتهت صلاحيَّتها، أو على الأقلّ، يلزمها "صيانة"؟

فكما يتكدَّس الدهن الزائد في أجسادنا، تتكدَّس هذه الأفكار، والمعتقدات في رؤوسنا لتصبح نحن.. ونسير في الحياة ونحمل هذه الأفكار والمعتقدات معنا، وزنًا زائدًا، وحِملاً يُثقل تحرُّكنا ويُتعِبنا فيحرمنا نعمة المرونة والتجديد في حياتنا..

خارج إطار النماذج/ الذات.. والمحيط

الذات.. والمحيط

إن ذاتنا تسكن عالمنا الداخلي كما تسكن المخلوقات البحرِّية المحيط. بحيث تتوزَّع في تنقُّلها بين سطحه.. وعمق أعماقه.

فعندما نكون قريبين جدًّا من السطح نخضع لتقلُّبات الأمواج التي تأخذنا هنا وهناك، وتجعلنا غير قادرين على الثبات والاستقرار. أمَّا عندما نكون في الأعماق، فلن تستطيع الأمواج -مهما كانت عظَمتها- أن تؤثِّر في ثباتنا واستقرارنا.

فإذا اعتبرنا أن سطح المحيط هو العالَم الخارجي، وأن عمق المحيط هو عمق عالمنا الداخلي، ونحن الذين نتنقل بين القعر والسطح، فإننا عندما نكون قريبين من العالم الخارجي، لا بدّ لنا من أن نتأثَّر بتقلُّباته (وأمواجه العاتِيَة)، التي تفرض علينا التماهي الدائم بما يحصل في عالمنا الخارجي من مشاكل، واضطرابات، وعراقيل، ونجاحات، وإحباطات. وبما أننا نعتبِر من خلال موقعنا القريب من العالم الخارجي (من السطح)، بأن ما يحصل حولنا في الخارج له التأثير الأكبر فينا، نحاول جاهدين السيطرة على أحداث العالم الخارجي (على الأمواج) طلبًا للأمان والاستقرار، فنعمد إلى التفتيش في عالمنا الخارجي عن السعادة وتجنُّب الألم.

أمَّا إذا كنَّا في عمق ذاتنا (عمق المحيط)، فإننا نبقى محصَّنين ضدّ ما

يحصل في عالمنا الخارجي من أحداث إيجابية أو سلبية. فنشهد هذه الأحداث دون التأثُّر السلبي بها. فنكون هادئين، حاضرين، مشاهدين، ما يحدث، ولكن تكون حياتنا حرَّة، غير مقيَّدة بمعطيات الخارج. فنعيش بسلامنا الداخلي، بإيقاعنا الداخلي، ولا تُفرض علينا إيقاعات خارجية يتوجَّب مراعاتها في كلّ ثانية.

عندما نراهن على حلّ مشاكلنا من الخارج نفشل دائمًا، لأننا لا نستطيع ضبط حركة الأمواج (الأحداث) في الخارج، ولكن ما يمكننا عمله هو المراهنة على عدم تأثُّرنا السلبي بها من خلال وجودنا في عمق ذاتنا الحقيقية.

خارج إطار النماذج/ بين الشجاعة.. و"الأمان"

بين الشجاعة.. و"الأمان"

كان رجل يصطاد في الغابة ليلاً، وبينما كان يرجع إلى الوراء للتصويب بإحكام على طريدته، زلَّت قدمه وسقط عند حافة مطلَّة على وادٍ سحيق..

رمى الرجل بندقيَّته وتعلَّق بجذع شجرة ليتجنَّب السقوط في الوادي وبالتالي الموت المحتَّم..

وبقي الرجل طوال الليل الحالك ممسكًا بهذا الجذع وقدماه تتأرجحان في الهواء.. وبقي يصرخ مستغيثًا دون أن يأتي أحد لإنقاذه.

عانى الرجل الأمرَّين وأنهكه التعب وأصابه الخوف الشديد وبقي على هذه الحال إلى أن جاء الصباح وانقشعت العتمة.. فنظَر الرجل مرتعبًا إلى الوادي العميق، فوجد تحت قدميه صخرة تبعد عنهما حوالى الثلاثين سنتم، بحيث يمكنه القفز عليها بسلامة، والصعود منها إلى الحافة التي سقط منها.. وهذا ما فعله الرجل بعد أن قضى ليله المرير يعاني التعب والخوف من السقوط والموت. فكان كلّ ما عليه هو، أن يترك جذع الشجرة ليَصل إلى الصخرة التي تحت قدميه. لكنّ جهله للمكان وعدم وضوح الرؤية بسبب الظَّلام الدامس وضَعه طوال الليل بهذا الموقف المأسوي..

انتهت القصَّة، والحمد لله على سلامته، لكن هذه الحكاية تُذكِّرنا بالعديد من المواقف التي تصادفنا في حياتنا..

عندما نقضي حياتنا خائفين من الأسوأ.. لن ننجز إلَّا الأسوأ..
ونصبغ قراراتنا كلّها بالخوف الدائم من المجهول..
لذلك نسعى دائمًا إلى "الأمان"..
إلى الأشياء المجرَّبة من قِبل الغير..
لتفادي "الخطر"..
و"الأمان" يعني التقوقع ضِمن دائرته الضيِّقة..
ويعني ترك مسؤولية قراراتنا في الحياة لتجارب غيرنا "الآمنة"..
ويعني عدم المبادرة.. والبقاء بأماكننا دون حراك..
والحياة تحتاج إلى المبادرة، والحركة، والتطوُّر، والمجازفة..
والخوف يجمِّد كلّ ما تحتاج إليه الحياة لكي نكون حاضرين فيها..
لأنها مليئة بالمتغيِّرات، وبالمفاجآت، والتجارب التي يلفُّها الخطَر..
والخطَر يتطلَّب منَّا أن نكون حاضرين للمواجهة وليس للهروب..
فحين يطغى الخوف من الموت، يطغى الموت في الحياة..
وحين نخاف الموت، يستعمرنا الخوف من الحياة..
وعندما نخاف الحياة.. نفقد تواصلنا معها..
وننكفئ عن الحضور فيها ونتجنَّبها..
ومَن تجنَّب الحياة، تجنَّبته هي بدورها..
ومَن عاش على هامش الحياة، همَّشته هي بدورها..
وحين تُهمِّشنا الحياة، نعيش فيها أحياء مزيَّفين..

فالخوف يجعلنا نقضي حياتنا مسمَّرين في أماكننا، مكبَّلين بخوفنا من "المجهول"، ونبقى نخاف الاكتشاف، معلَّقين سنين عديدة بين المعلوم والمجهول، وليس لساعات كما حصل مع هذا الصيَّاد، ولا نقوم بمواجهة خوفنا بأخذ المبادرة..

والحياة تعني لفرخ الدجاج، الموجود داخل البيضة، المغامرة.. والمغامرة

تقضي بالانتقال من عالمه "المعلوم" إلى عالمه "المجهول".. أي بكسر البيضة (عالمه المعلوم) للخروج منها إلى (عالمه الجديد المجهول)، حيث التحدي، والنضال من أجل البقاء، ومواجهة كافَّة الأخطار والعوامل الجديدة التي يجهل معظمها، والمفاجآت المفرحة والمحزنة له.. فهذه هي رحلته التي لا مفر منها إلى الحياة.. لكنه لو بقي في "أمان" البيضة، وعدم المبادرة بأخذ قرار التطوُّر والدخول إلى لعبة الحياة بشجاعة وبراءة، كان "الموت الآمن" المحتَّم بانتظاره..

..

فبهروبنا الدائم من الألم، تهرب منَّا السعادة..
وبهروبنا الدائم من أنفسنا، يهرب منَّا الآخرون..
وبهروبنا الدائم من المغامرة، يهرب منَّا الأمان..
وبهروبنا الدائم من الموت، تهرب منَّا الحياة..

..

والحياة، بحدِّ ذاتها، هي عبارة عن مواجهة "المجهول" ليصبح "معلومًا"..

ومواجهة المفاجآت لتصبح اختبارات..
والمجازفة بتجاوز ما نعرفه، في سبيل معرفة ما نجهله..
وطلب "الأمان" الدائم يوصلنا إلى حالة غيابنا عن الحياة..
والشجاعة هي الآلية الوحيدة لمواجهة الحياة..
أمَّا الخوف، فهو الآلية الوحيدة لمواجهة الموت..
وهذا ما يُسمَّى:
.. "الموت من الخوف".

خارج إطار النماذج/ دليل المستخدم "User's Guide"

دليل المستخدم "User's Guide"

جئنا إلى الحياة لكي نختبرها..

لا لكي نطبِّق تعليمات (دليل المستخدم) عليها..

فالحياة ليست آلة لكي نحتاج إلى (دليل مستخدم) لمعرفة "كيفية تشغيلها"..

الحياة هي فرصتنا الوحيدة لنُراكم الحبّ بأرواحنا..

لا يمكننا البحث عن "صفحة الحبّ" في دليل المستخدم لكي نحبّ..

فالحبّ ليس كقيادة طائرة..

الحبّ هو اختبار ذاتي، كوني نعيشه..

ولا يمكن تشغيله كآلة..

فلا الأمّ التي تحبّ أولادها..

ولا الحبيبة التي تحبّ حبيبها..

تحتاجان إلى (دليل المستخدم)..

ولسنا بحاجة إلى (دليل) لكي نتنفّس، نضحك، نبكي، نشعر، نتأثَّر..

ولا لكي نبدع، نحزن، نفرح، ننعس، ننام، نحلم، نأكل، نشرب، نجوع، نعطش، نهرب، نتقدم، نحيا، أو نموت..

كلّ القيِّمين على المجتمعات القديمة والحديثة وضعوا لشعوبهم (دليل المستخدم)..

أوجدوه على قياس مصالحهم..
لكي "يستخدمونا" من خلاله..
أو بالأحرى، لكي "يَستخدمونا" من خلال "استِخدامنا له"..
لقد وضعوه من أجل أن نحيا كما يريدون..
ونستهلك كما يريدون..
ونعيش كما يريدون..
ونريد كما يريدون..
أمَّا إذا تصرَّفنا بطريقة غير نمطية..
أي غير مطابقة لقوانينهم المنصوصة في (دليل المستخدم)..
نصبح خارجين على القانون..
..
لكن ما الذي فعله بنا (دليل المستخدم)؟
لقد أبدل الحبّ بالزواج..
فخسرنا الحبّ و"رَبِحتنا" مؤسَّسة الزواج..
..
لقد أبدل حبّ الحياة بحبّ الزعامات..
فعاشت الزعامات وماتت الحياة..
..
وأبدل الفرح بالملاهي..
فخسرنا الفرح وبقيَت الملاهي..
..
وأبدل المعرفة بالحفظ..
ففقدنا معرفتنا، وأصبحنا "بالحفظ والصون"..
..
وأبدل البراءة بالبروتوكول..

فغابت شمس عفويَّتنا وأشرقت "بروتوكولات التواصل" مع الآخرين..

..

وأبدل الصدق بالدبلوماسية..

فكذَّبنا الصدق، وصدَّقنا الدبلوماسية..

..

وأبدل الإبداع بالتقليد..

"فأبدعنا" بالتقليد، وقلَّدنا إبداعات المبدعين..

..

وأبدل التفرُّد بالتعميم..

فتعمَّمنا بهويَّات مزيَّفة على حساب تفرُّدنا الحقيقي..

..

هذا ما يفعله بنا "دليل المستخدم"..

وطبعًا، نحن "على العهد باقون"..

وإذا استمررنا نستدلّ بدلائلنا هكذا، فستدلُّنا دلائلنا إلى.. الخراب.

خارج إطار النماذج/ الثوب "النموذجي"

الثوب "النموذجي"

هناك قصَّة طريفة تتحدث عن أحد الملوك الأوروبيين القدماء الذي دخل عليه محتال ينتحل شخصية تاجر قماش كبير. عرض هذا التاجر المزيَّف ثوبًا "سحريًّا" ثمينًا جدًّا لا يراه إلَّا "الأذكياء.. وأصحاب الذوق الرفيع"..

وافق الملك على رؤية الثوب.. وعندما فتح التاجر كيسه رافعًا يديه إلى الأعلى متظاهرًا بحمل الثوب، لم يرَ الملك شيئًا بين يديّ المحتال.. لكن وجود مستشاريه وحاشيَته حوله جعله يشعر بإحراج شديد إذا ما حاول القول بأنه لا يرى الثوب.. وسيظهَر أمام الحضور بأنه لا يتمتَّع بالذكاء، ولا بالذوق الرفيع.. وهذا، طبعًا، وضع مربِك جدًّا له..

فما كان منه إلَّا أن أبدى "إعجابه" بهذا "الثوب الرائع".. وهذا ما فعله كلّ من كان حاضرًا في مجلسه، خوفًا من أن يظهر أمام الآخرين بمظهر "الغباوة" و"قلَّة الذوق الرفيع"..

اشترى الملك الثوب بسعر غال جدًّا ليؤكد للجميع ذكاءه وذوقه وتقديره لهذا "الثوب".. وقرَّر الملك ارتداءه في المهرجان الكبير الذي سيُقام بعد أيَّام..

وفي المهرجان وقبيل وصول الملك أُبلغت الجماهير، المحتشدة لاستقباله، بأنه سيَسير بينهم مرتديًا "ثوبه السحريّ الرائع" الذي يراه "الأذكياء وأصحاب الذوق الرفيع" فقط.. وعند مرور الملك أمام الناس شرعوا بالترحيب به، مبدين

إعجابهم "بثوبه السحريّ الرائع".. إلى أن وقف صبيّ صغير أمام الملك وقال بأعلى صوته:

"إن الملك يسير عاريًا.. إنه لا يرتدي شيئًا!"

فصمَت الجميع مشدوهين ومُربَكين للحظة.. ثم انفجر الحضور ضاحكًا على مشهد الملك العاري، الهارب خجلاً من بين الجمهور..

معظمنا ينخدع كما انخدع هذا الملك .. نلبس أثوابًا وشخصيَّات وهمية وذاتًا مزيَّفة خوفًا من آراء الآخرين بنا.. ويُقنعوننا بأن ما نلبسه من شخصيَّات هو المناسب لنا تِجاه (الرأي العامّ)..

- يمثِّل تاجر القماش المخادع في هذه القصَّة (عقل الأنا) الذي يوهمنا بأن ما نلبسه من أفكار ومفاهيم هو حقيقي، رغم ما يقوله لنا صوتنا الداخلي بأن لباسنا الفكري هذا ليس حقيقيًّا، ولا يَروي عطش ذاتنا الحقيقية المزمن..

- ويمثِّل الملك المخدوع في هذه القصَّة الذات الفردية التي انبهرَت (بعقل الأنا) وصدَّقت عالَم النماذج الذي رسمه لها، رغم خياليَّته.. فلبست ذاتًا مزيَّفة خوفًا من آراء الآخرين..

- ويمثِّل الجمهور وحاشيَة الملك ومستشاروه في هذه القصَّة (الرأي العامّ) الذي يُقيِّد الفرد ويُلزمه بالانصياع لمعايير النماذج الاجتماعية المعمَّمة، واعتبارها حقيقية و"ثوبًا سحريًّا رائعًا" لا بد من اقتنائه..

- ويمثِّل الصبيّ الصغير (نبضة الوعي) المتحرِّرة من زيف النماذج.. التي تُحطِّم مملكة الذات الزائفة، وتصعِق هذا الملك المخدوع، وتُجرِّده من كلّ ما أقنعه فيه (عقله الأنويّ)..

فتنكشف للملك حقيقته المجرَّدة من أيِّ تملُّق..

ويشعر بإحراج شديد لأنَّه عرفها..

فالحقيقة مؤلمة لمن يرتدي الوهم..

لكنها مريحة لمن أراح نفسه من هذا الوهم..

ومن تجاوَز الوهم إلى الحقيقة..

يَفشل (عقل الأنا) المخادع في الاحتيال عليه مرة أُخرى.

خارج إطار النماذج/ الخروج عن نماذج الهويَّة والانتماء

الخروج عن نماذج الهويَّة والانتماء

"يتم تحقيق الكمال عندما لا يبقى ما يمكن إزالته،
وليس عندما لا يبقى ما يمكن إضافته".

أنطوان دو سانت

"الهويَّة" لا تعني انتماءنا إلى شيء معيَّن، فقط..
بل تعني أيضًا نفي انتمائنا لباقي الأشياء الأخرى..
واللَّاهويَّة تعني هويَّة كونية..
واللَّاانتماء يعني انتماء غير محدود..
كما الصمت هو لا شيء لكنه يَحوي كلّ الأصوات..
كما اللَّالون هو لا شيء.. لكنه يحتضِن كلّ الألوان..
كما الفراغ الذي يحوي، بالقوَّة الكامنة فيه، كلّ المادَّة..
كما (اللَّاشكل) الذي يحمل في غموضه كلّ الأشكال..
كما العدم الذي هو رحم الوجود..
..

فالإنسان الكوني، "غير النموذجي" هو الذي تجاوز بداخله هويَّته كإنسان.
وفاضت إنسانيَّته إلى خارج "نموذجه"، لتلتقي جميع المخلوقات الذين هم

شركاؤه في الشمس، والماء، والهواء، والتُّراب، وشركاؤه في الحياة.. فالطبيعة وُجدت لهم أيضًا .. وإنسان كهذا لا يتنكَّر لمخلوقات أقلّ مرتبة منه لأنَّه يشكِّل معها مجتمعةً لوحة الحياة بكلِّ ألوانها..

الانتماء إلى هويَّة الإنسان يعني عدم الانتماء إلى هويَّة أُخرى غير الإنسان.. وهذا يوصِل إلى عزل المخلوقات الأخرى وتصنيفهم خارج قوقعة الإنسان.. واعتبارهم "مواطنين" من الدرجة السابعة والخمسين، أو التاسعة والسبعين.. كما أن (اللَّاإنسان) لا يعني بالطبع حيواناً أو شيئاً آخَر.. بل يعني بأنَّه مخلوق يؤمن بأحديَّة الحياة وشموليَّتها.. ولا يحدُّه انتماؤه للجنس البشري فقط، بل ينتمي إلى هذه الحياة بكلِّيتها.. ويرى الوجود بأنه سيمفونية عظيمة تَعزف فيها جميع المخلوقات، معزوفة الحياة.

ماذا تعني كلمة (إنسانية)؟ إنها، طبعًا، لا تعني التعصُّب لبني البشر واعتبار القيَم تُطبَّق عليهم فقط.. فالمحبَّة، والرأفة، والمساعدَة، والحماية، والاحترام، وتقبُّل المختلف، والمشاركة، كلّها تُطبَّق على الجنس البشري كما تُطبَّق على باقي المخلوقات والأشياء كالحيوانات والحشرات والنباتات وحتى على الجماد.. فالرأفة بحيوان معيَّن، بنملة، بصخرة جميلة، بزهرة، أو بساقِيَة ماء لا تعني تنكُّرًا لإنسانية الإنسان، بل على العكس تمامًا، إنها تعني فيضًا في إنسانيَّته.. فحبُّنا لأطفال غير أطفالنا لا يعني أبدًا كرهنا لأطفالنا..

لأن حبَّنا لأطفال غيرنا هو فَيضُ حبِّنا لأطفالنا..

وحين يكون انتمائي الوطني لا شيء.. هذا لا يعني بأنّني أكره وطني، وأتنكَّر له، بل على العكس تمامًا.. إنه يعني بأني أُحبُّه وفي الوقت عينه أعتبر بأن كلّ وطن هو وطني..

فإذا قلت مثلاً "أنا أميركي" فهذا يعني: "أنا لست روسيًّا"، "ولست كنديًّا"، و"لست عربيًّا"...الخ

ومن البديهي القول أنّه، على المستوى الكوني، الوطن "النموذجي" غير حقيقي.. إنّه قطعة أرض معيَّنة تضمّ مجموعة من الناس ربطتهم ظروف جغرافية،

وتاريخية في مكان وزمان محدَّدين.. وربطتهم أيضًا مصالح، سياسية، اقتصادية، واجتماعية، وطائفية، وعسكرية معيَّنة.. وهذا لا يعني بأن وطن شخص ما، هو "وطن الأوطان" وعليه "تقديسه" و"ربطه بمباركة السماء".. إن هذا المفهوم لفكرة الوطن يشكِّل مظهرًا من مظاهر النرجسية الجماعية المريضة.. التي كان لها الأثر البالغ في اندلاع الحروب والصراعات، التي لم تنتهِ إلى يومنا هذا، وهي مبرَّرة دائمًا بالدفاع عن "الوطن المقدَّس".. أو بتحرير "الوطن المقدَّس".. أو بحماية مصالح "الوطن المقدَّس".. و"قداسةُ" قادة الحروب في كلّ بقاع الأرض وفي كلّ الأزمنة متعلقة فقط: "بالسلطة والمال" ونقطة على السطر. ..

إن احترامي لمجتمعات أُخرى لا يعني احتقاري لمجتمعي..
كما أن احترامي لمجتمعي لا يعني احتقاري لباقي المجتمعات..
وحين أكون إنسانًا كونيًّا متحرِّرا غير "نموذجي"..
لا يعني بأني "متمرِّد"، "شاذّ"، وأكره مجتمعي..
بل يعني أني إنسان يتفاعل مع مجتمعه بشكل إيجابي..
من خلال فرادته الحرَّة كإنسان..
ولا أرى دفاعي عن مجتمعي يتطلَّب منِّي مهاجمة المجتمعات الأخرى..
بل يعني تطوير مجتمعي الذي أُحبُّه وأحترمه..
كنتيجة طبيعية لتطوير ذاتي الحرَّة ومحبتي واحترامي لها..
..

وحين يخرج الإنسان من قوقعته الفكرية لا يعني أنَّه مجنون، أو متمرِّد على قوقعته..
بل يعني أنه أخذ روحيَّتها وترك قشورها..
..

فاللَّاشيء هو مصدر كلّ شيء..
وعندما يكون انتمائي العقائدي (لا شيء)..

أكون قد خرجت من نموذجي العقائدي..

وأستطيع عندها أن أتفهَّم كلّ العقائد والأفكار بشكل صحِّي وموضوعي..

ودون تحيُّز، أو أحكام مُسبقة..

فانتمائي إلى عقيدة ما..

لا يعني عدم اعترافي وإنكاري لجميع العقائد الأخرى..

كما أن اعترافي بصدقية بعض العقائد الأخرى..

لا يعني إنكاري للعقيدة التي تربَّيت عليها..

..

حين أكون (لا شيء).. أُصبح حاضرًا وتغيب فيَّ الأشياء..

وحين أكون أنا (شيئًا) أو مجموعة (أشياء)..

تحضر الأشياء، وأغيب أنا..

وحين أكون (لا شيء)..

أي خارج نموذج "الأنا" المزيَّف..

تموت "الأنا" لأحيا (أنا)..

وهذا هو الموت الحقيقي الرائع..

قبل الموت "النموذجي" المرعِب..

وهذه هي الولادة الحقيقية السعيدة..

بعد الولادة البيولوجية المؤلمة.

253

حَرِّر ذاتَك.. مِنك

باقة الحلول والبدائِل

حَرِّر ذاتَكَ.. مِنكَ

باقة الحلول والبدائل

كان أحد معلمي الزنّ واقفًا على جسر، يمرّ من تحته نهر كبير، حين اقترب منه رجل وسأله قائلاً:

"أيُّها المعلم، أُريد منك أن تخبرني كم يبلغ عمق هذا النهر"؟

أجابه المعلم:

"بكلّ سرور.."

فحمل المعلم الرجل، ورماه في النهر..

..

مع كلّ ما تمثِّله هذه القصَّة من فكاهة وغَرابة.. وحكمة، نرى أن المعلِّم أخبر الرجل، من خلال فعلته البعيدة عن المتوقَّع، بأن على هذا الأخير عدم الاتّكال على تلقِّي المعرفة من الخارج، بل عليه اكتشافها بالاختبار.

وهذا ما أُحاول إيصاله لك عزيزي القارئ من خلال هذا الكتاب..

..

فلا يجوز أن نطلب من الآخرين معلومات عن شيء لكي "نعرفه"..

لأننا لن نعرفه بهذه الطريقة، بل نخزِّن معلومات عنه..

ولا يمكننا معرفة شيء معرفةً حقيقية دون أن نعيش تفاعلنا معه..

وامتلاكنا لمعلومات عنه لا يكفي لكي نعرفه..

فحياتنا هي مجموع ما اختبرناه.. وما نختبره.. وما سنختبره..

والحياة الحقيقية هي الحياة التي نحياها، أي التي نكون فيها أحياء حاضرين ..

لا الحياة التي نغيب فيها نحن وتحضُر المعلومات عنها بدلاً منا..

فنحن لسنا ذاكرة فقط..

نحن أيضًا مشاعر، وأحاسيس، وعقل، وعفوية، وإبداع..

ونحن أيضًا باحثون، ومحلِّلون، ومتطوِّرون، وساعون إلى الحرِّية..

ولسنا متلقِّين، وناقلين، وحافظين، ومصفِّقين فقط..

وإننا أكبر من مسجِّلة، تحفظ معلومات وتُردِّدها كلّما أُمرَت بذلك..

..

عزيزي القارئ..

أعرف أنك قد تتوقَّع منِّي أن أُقدِّم حُلولاً للمسائل التي عرضتها في هذا الكتاب..

لكني لا أملك حلولاً لمسائلك، ولا لمسائل أحد آخر..

الحياة تُقدِّم لنا المسائل.. ونحن من يجب أن يحلَّها ويتعلَّم منها..

في حياتي: أنا من يجب أن يجد حلولاً لمسائلي الذاتية..

وفي حياتك: أنت وحدك من يجب أن يفتِّش عن حلول لك..

لأنها حياتك أنت..

وحقيقتك النسبية أنت..

فالحلول تأتي بالتجربة والاختبار، لا في حفظ المعلومات وتناقُل الأخبار..

..

فإن قلت لك:

"إذا أردت أن تتحرَّر ، توقَّف عن الجري وراء الآخرين"..

قد تجري ورائي.. بهدف التحرُّر..

ظنًّا منك بأني لا أجري وراء الآخرين فتتبع طريقي..

لن تتحرَّر بهذه الطريقة..

لأنك ما زلت تجري وراء أحد غيرك..

وهذا ما لا أُريده لك..

..

وإن قلت لك:

"إذا أردت أن تتحرَّر ، لا تُقلِّد الآخرين"..

قد تُقلِّدني أنا.. بهدف التحرُّر..

ظنًّا منك بأني لا أُقلِّد الآخرين فتتبع طريقي..

لن تتحرَّر بهذه الطريقة..

لأنك ما زلت تُقلِّد أحدًا لا يُقلِّد الآخرين..

وهذا ما لا أُريده لك..

..

وإذا أنا ادَّعيتُ بأني إنسان "ناجح"..

وقلت لك اتبعني لكي تصبح "مثلي"..

لا تتبعني.. لأني، بكلّ بساطة، (أنا لستُ أنت)..

وطريقي ليست طريقك..

وتجربتي ليست تجربتك..

وأنا أنجح في حياتي بطريقتي..

وأنت تنجح في حياتك بطريقتك، لا بطريقتي..

..

وإذا ادَّعيت أني طبيبك ولديَّ لحياتك دواء لكلّ داء..

لا تأخذ منِّي الدواء لحياتك، كي لا أُصبح مرضك الجديد..

..

وإذا ادَّعيت أني أملك "الحقيقة" ، لا تُصدِّقني..

لأني لن أكون أكثر من "دليل مستخدمٍ" آخر لك..

وتصديقك لي يصبح "دليلي لأستخدمكَ"..

..

وإذا ادَّعيت بأنني أملك حلولاً لك، لا تتمسَّك بحلولي..
لأن حلولي الحاضرة قد تصبح مشاكلك المستقبلية..
..
وإذا ادَّعيتُ بأنني محرِّرك، لا تُصفِّق لي..
لأني لست بمحرِّرك.. ولا غيري محرِّرك..
ولا تتوقَّع منِّي أن أقتُل سجَّانك لأُحرِّرك..
لأنك أنت سجَّان نفسك..
فلا تطلب منِّي "قَتْلك لتحريرك"..
لأنك أنت المحرِّر والمحرَّر..
..
وإذا ادَّعيت بأنني من سيخلِّصك من زنزانتك الفكرية..
لا تتبنَّ معتقداتي، لأنك ستشاركني زنزانتي الفكرية..
..
وإذا ادعيت بأنني أُحاول تحريرك من سيِّد يستعبِدك..
لا تُخاصمه، وتُحالفني..
لأني إذا انتصرت عليه سأُصبح سيِّدك الجديد..
..

أعرف أن بعضهم قد يطلب منِّي "بدائل" عن المشاكل الحقيقية التي طُرحت في هذا الكتاب. لأنهم ، ربما ، يتوقَّعون منِّي كما يتوقَّعون من "طبيبهم النموذجي" الذي يفتح فمهم ويُفرغ كلّ ما تحويه ملعقة الدواء التي "أعدَّها" الطبيب بإتقان "للمرضى النموذجيين"..

فالطبيب يَختار الدواء، يُعدُّه، ويحضِّره لهم..
وهُم يَبلعون..
..
أقولها لك، عزيزي القارئ..

إنك أنت الدواء، والداء، والهواء، والماء..
ولا تحتاج إلى أحد غيرك للشفاء..
لا تطالبني بإنتاج بدائِل لحياتك من صنعي..
أنا من يُطالِبك بإنتاج بدائل من صنعك..
لتحيا حياة من صنعك..
كما أنا مُطالَب بدوري لابتكار بدائل لمشاكلي في حياتي..

..

وأنا لا أطلب منك أن تسمع كلامي وتقتنع به..
أنا أطلب منك أن تسمع كلامك أنت..
كلامك أنت، لا كلامي ولا كلام الآخرين..
فكلامك أنت لن تسمعه من خلال ضجيج الآخرين خارجك..
تسمعه فقط من خلال استماعك إلى صوتك الداخلي الخافت..
فتستطيع أن تسمع صوتك الداخلي فقط حين تحرِّر داخلك من خارجك..
وتفقد صوتك الداخلي حين تتحالف مع خارجك لاحتلال داخلك..

..

أنا لا أُحرِّضك، على أحد آخر..
أنا أُحرِّضك "عليك"..
كما أُحرِّض نفسي على "نفسي"..
على استسلامنا الكامل لتأثير الآخرين فينا..

..

إن أرقى أنواع المحبَّة هي المحبَّة التي توصل إلى تحرُّر المحبّ والمحبوب..
أن تُحبّ أهلك، أولادك، عملك، أو مجتمعك..
لا يعني أن تصبح أسير أهلك، أولادك، عملك، ومجتمعك..
وطبعًا، لا يعني أن تجعلهم أسرى لك..

بل أن تحرِّر ذاتك وتحرِّرهم من خلال تطوُّرك الذاتي ووَعيك لتفرُّدك الكوني..

فلن تستطيع محبَّتهم حين تكون شخصًا ضعيفًا، تابعًا، أو متسلِّطًا..

لأن الضعيف لا يُنتِج إلَّا محبَّة ضعيفة على شاكِلته..

والتابع لا يتواصل مع من يحبُّه بل يتبعه كظلِّه..

والمتسلِّط لا يساعِد من يحبُّه بل يسعى للسيطرة عليه..

إن أفضل طريقة لمحبَّتهم هي بتحرير ذاتك.. "منك"..

أي بتحرُّرك من ضعفك الداخلي، وتبعيَّتك للآخرين، أو تسلُّطك عليهم..

وعندئذ تصبح:

ابنًا عظيمًا لأهلك..

وأبًا عظيمًا لأولادك..

وعاملاً عظيمًا لعملك..

وفردًا عظيمًا لمجتمعك..

..

فالعظَمة مُعدِيَة..

كما الانهزامية مُعدِيَة..

والقرار يعود إليك..

أيّ "عدوى" تُريد أن تُقدِّم لنفسك.. ولأولادك وأهلك وعملك ولمجتمعك؟..

..

لذلك أطلب منك ومن نفسي..

أن نحرِّر أبناءنا منّا..

وأن نتحرَّر مِن أهلنا..

وأن نحرِّر أنفسنا مِن "أنفسنا"..

..

عزيزي القارئ..

أعرف بأن "حزمة الحلول والبدائِل" التي "جهَّزتها" لك قد تكون غير مريحة..

لأن العيش بالألم دون مُسكِّن غير مريح..

وأنا أطلب منك ومن نفسي أن نتوقَّف عن تعاطي المسكِّنات الفكرية ونواجه ألم الحياة وفرحها..

ومن يكون مُخدَّرًا بالمسكِّنات لن يتألَّم، ولن يفرح..

إن محاولاتنا للخروج من قوقعتنا الفكرية توجِع الرأس..

لهذا نلجأ إلى "المسكِّنات"..

لأن المسكِّنات تُعيدنا إلى "الأمان" الفكري..

فنضطرّ، كالنعامة، "لطَمرِ رأسنا" في رمل قوقعتنا الفكرية طلبًا "للأمان"..

"فنخفي" رأسنا في المعتقدات، والمعادلات، والمنظومات الفكرية "الآمنة"..

..

عزيزي القارئ..

إذا سألتني مرة أُخرى: "ما هي حزمة الحلول والبدائل" التي أعددتها لك من خلال هذا الكتاب.. سأفعل بك، عزيزي القارئ، كما فعل المعلِّم الواقف على الجسر بالرجل الذي سأله عن مدى عمق النهر. ☺

كلمة أخيرة

إن رؤية الحياة من خارج "النماذج"، تجعلنا نراها: (كما هي)..
مجرَّدة من أيّة أحكام مسبقة تُشوِّه حقيقتها وبراءتها..
نراها حياة مجرَّدة مِن أيّ عقائد معلَّبة نتعلَّمها ولا نعيشها..
حياة صادقة تتنكَّر لأيِّ زيف، تملُّق، تصنُّع، افتعال، أو كذب..
حياة طبيعية خالية من الطقوس، والأفكار المقولَبة..
حياة تهدف إلى التحرُّر من ذاتنا المزيَّفة..
من "نماذج" شخصيَّاتنا الاجتماعية، التي "تلبسنا" في كلّ مراحل حياتنا..
حياة، كالمرآة، تُرينا وجوهنا الحقيقية..
وبراءتنا المختبئة وراء الزيف الاجتماعي..
حياة تُرينا البساطة في كلّ شيء..
والانعتاق من كلّ شيء..
ليتحوَّل "كلّ شيء" إلى (لا شيء)..
واللّاشيء إلى كلّ شيء..
..
حياة تُرينا المطلق في النسبي..
والحدائق في الزهرة..

وحقول السنابل في حبة قمح..
والغابات في البذرة..
والمجرّات في النجمة..
والكون في الذرَّة..
حياة تُرينا كيف تتحوَّل الموجة إلى محيط.. والمحيط إلى أمواج..
والخلية إلى جسد، والجسد إلى خلايا..
والوجود إلى فراغ.. والفراغ إلى وجود..
..
حياة تُعلِّمنا كيف ينضغط ماضينا.. وينضغط مستقبَلنا..
بنقطة زمنية واحدة هي (الآن)..
بحيث نعيش في (الآن) دون خوف من المستقبَل ولا أسف على الماضي..
نعيشه ونختبره ببراءة تخلو من أيِّ فبركة، أفكار مُسبقة، أو معادلات ثابتة..
تخبرنا بأن كلّ شيء ندركه هو هجين..
ونعيش الدهشة من خلال التوحُّد مع الاختبار..
بحيث يُمحى المراقِب والمراقَب..
ويُمحى الماضي والمستقبَل ..
ونكون في نقطة الوسط بين الكون المتناهي في الكبر (Macro Cosm.).
والكون المتناهي في الصغر (Micro Cosm.). .
حيث تتلاقى كلّ الحقول في حقل موحِّد لكلِّ القوانين الطبيعية الكونية..
وحيث يتحوَّل هذا الحقل العظيم إلى نقطة الـ(هنا)..
..
وهكذا تموت "نماذج" الزمان والمكان في الحياة الأزلية للـ (هنا والآن)..

فنتوحَّد مع الكون (هنا)، ومع الماضي والمستقبَل في (الآن).

وننسى صراعاتنا على الأرض والسماء..

وتهافتنا على السلطة والمال والتملُّك..

ونتذكر أن ملكيَّتنا الحقيقية هي ذاتنا الحقيقية.

مع محبتي..
عماد سامي سلمان

المحتويات

كلمة شكر 7

المقدمة 9

صناعة الإنسان "النموذجي" 13

الحاجة الاجتماعية للإنسان 15

التعليب الاجتماعي 16

"نمذجة" الطفل الكوني 16

حديقة الحيوانات 20

نسخة "طبق الأصل" 22

منتجات المصانع الاجتماعية 24

إلى المعلَّب.. والمعلِّب الاجتماعي 26

الأسرة "النموذجية" 31

بين صلاحيَّات المجتمع.. وصلاحيَّاتي كفرد "نموذجي" 34

البرمجة الاجتماعية 36

النظام المرصوص 36

رقصة الدبّ 38

الفيل "المطيع" 39

الشعائر والطقوس 41

الضبط الاجتماعي 43

تعريف 43

المكافأة.. والعقاب 45

العصا والجزرة 47

أساليب الضبط السلبية (العصا) 48

أساليب الضبط "الإيجابية" (الجزرة): 48

بين الآمر.. والمنفِّذ 50

إلى مارد الفانوس السحري 53

منظومة القطيع 55

توطئة 55

نعاج القطيع 57

المازوشية.. ونعاج القطيع 59

راعي القطيع 62

السادية.. وراعي القطيع 64

الكلب "حامي القطيع" 66

الذئب "عدوّ القطيع" 68

العصبية.. ومنظومة القطيع 70

إلى المناضل من أجل "القضية" 73

بين الطبيعة.. والمجتمع 75

"الهو" و"الأنا" و"الأنا" العليا 77

الأنا العليا (The Supper Ego) 77

الهُوَ (The Id) 77

الأنا (The Ego) 78

بين النضج الطبيعي.. والنضج الاجتماعي 79

الرغبة الجنسية 82

اللّاملكية في الحب 87

بين الزواج.. والحب 90

رسائل غير "نموذجية" 96

إلى "الرجل النموذجي" 96

إلى "المرأة النموذجية" 99

إلى المرأة 102

الذات "النموذجية " المزيَّفة 105

تعريف 107

إلى العامل "النموذجي" 111

حاملات الإعلانات 113

المهرّج 115

التماهي 116

تعريف 116

التماهي مع الآخرين ──────────────────────── 118

التماهي مع الكمال ──────────────────────── 120

التماهي مع العادات ──────────────────────── 122

التماهي مع الألم ──────────────────────── 126

إلى المتماهي مع رأسه ──────────────────────── 127

العقيدة "النموذجية" ──────────────────────── 133

تعريف العقيدة ──────────────────────── 135

أتباع العقائد ──────────────────────── 136

"معتنقو" العقائد ──────────────────────── 137

المقتنِعون بالعقائد ──────────────────────── 138

المنعتِقون من العقائد ──────────────────────── 140

بين البراءة.. والواجب ──────────────────────── 143

بين المتنوّر وأتباعه ──────────────────────── 146

العداوة "النموذجية" ──────────────────────── 151

العقيدة القتالية "النموذجية" ──────────────────────── 153

المعلم "النموذجي" ──────────────────────── 155

القضية "النموذجية" ──────────────────────── 157

إلى "المناضل النموذجي" ──────────────────────── 165

الإدراك "النموذجي" ──────────────────────── 171

(البارادايم) (Paradigm) ──────────────────────── 173

ضفدعةُ البئر ──────────────────────── 177

مصفوفة المعتقدات ──────────────────────── 178

المرآة ──────────────────────── 180

بين النقل.. والعقل ──────────────────────── 182

القرود ──────────────────────── 184

النافذة ──────────────────────── 187

"نماذج" من المجتمع "النموذجي" ──────────────────────── 189

الألقاب الاجتماعية ──────────────────────── 191

الأطفال.. و"الناضجون" اجتماعيًا ──────────────────────── 194

ماذا سيقوله عني الناس؟ 197

إلى كلّ من.. "يَعتقد" 197

الذوبان في آراء الناس 199

الجوهرة 203

الفلّاح وابنه.. والحمار 205

أنت.. والآخرون 207

بين الداخل.. والخارج 209

إلى المقلّد "النموذجي" 213

لماذا نجحوا هم.. وفشلت أنت؟ 215

ما نقوله عن الآخرين 218

خارج إطار النماذج 221

الذات الحقيقية 223

الإنسان العظيم 225

بين الـ"نعم" والـ"لا" 228

النمور.. والتوت البري 230

التغيير 232

المرأة.. خارج الكهف 232

من بيضة.. إلى بيضة 235

الوزن الزائد 238

الذات.. والمحيط 239

بين الشجاعة.. و"الأمان" 241

دليل المستخدم "User's Guide" 244

الثوب "النموذجي" 247

الخروج عن نماذج الهويَّة والانتماء 250

باقة الحلول والبدائل 255

كلمة أخيرة 265